Eugen Sauter

Kindheit auf dem Lande in den 50er Jahren

Wartberg Verlag

8. Auflage 2000
Alle Rechte vorbehalten, auch die des auszugsweisen Nachdrucks und der fotomechanischen Wiedergabe.
Druck: Werbedruck GmbH Horst Schreckhase, Spangenberg
Buchbinderische Verarbeitung: Büge, Celle
© Wartberg Verlag
34281 Gudensberg-Gleichen, Im Wiesental 1
Tel.: 0 56 03/ 9 30 50
ISBN 3-86134-283-9

Vorwort

Selten habe ich eine so beeindruckende Photosammlung über die 50er Jahre gesehen, wie die von Eugen Sauter. Die ungezählten Aufnahmen dokumentieren das Leben auf dem Lande zu einer Zeit, als das Photographieren - noch dazu in Farbe - noch nicht in Mode gekommen war. Zu kostspielig war dieses Hobby, als daß es in den Nachkriegsjahren auf dem „flachen Land" weite Verbreitung hätte finden können.

Für uns ist es ein Glücksfall, daß Eugen Sauter erstmals zur Illustration seiner Examensarbeit Photographien anfertigen mußte. Seit diesem Zeitpunkt konnte er vom Photographieren nicht mehr loskommen. Seine berufliche Tätigkeit als Dorfschullehrer kam dabei seiner Neigung sehr zugute. In diesem Umfeld entstanden auch die zahlreichen Farbdias von Kindern auf dem Lande, die in diesem Band präsentiert werden.

Das Leben war noch geprägt von Bescheidenheit auf allen Gebieten und von viel Arbeit, bei der die von Hand ausgeführten Tätigkeiten überwogen. Es gab noch nicht so viele Maschinen. Darum war man im Dorf auf die Mithilfe der Kinder wie seit jeher angewiesen, im Haus wie auf dem Feld. Die Schule hatte diese Umstände zu berücksichtigen und legte im Ausgleich auch Gewicht auf den musischen Bereich.

Tagtäglich waren noch viele Dinge im Gebrauch, die schon Generationen zuvor gedient hatten. Sparsamkeit war das alles bestimmende Gebot. Das ist auch aus dem gleichzeitig erscheinenden Bildband „Schwäbisches Dorfleben · Photographien aus den 50er Jahren" vom gleichen Verfasser zu erkennen.

Die hier veröffentlichten Aufnahmen zeigen einen repräsentativen Querschnitt aus der Sammlung und veranschaulichen die oben geschilderte Situation, denn Eugen Sauter war bemüht, fast alle Lebensbereiche im Bild festzuhalten. Wir sehen, wie sich die Kinder in den 50er Jahren noch sorglos im Dorf bewegen konnten, ohne vom Autoverkehr gefährdet zu werden. Der Schulunterricht fand manchmal sogar im Freien statt, und die Kinder wuchsen von klein auf in noch gelebtes Brauchtum hinein, um hier nur wenige Beispiele aus dieser Welt zu nennen.

Die immer größer gewordene Beweglichkeit, vor allem unter den Jugendlichen, bildete den Ansatz zur Lockerung der Dorfverbände. Das Bild der Dörfer hat sich seither weitgehend verändert. Für viele Leser dieses Buches werden die Photographien Erinnerungen an die eigene Kinderzeit und an eigene Erlebnisse wecken.

Wie bei dem oben erwähnten Zwillingsband über „Schwäbisches Dorfleben" lagen auch hier die Formulierung des Buchtitels und die Auswahl der Bilder in der Hand des Verlags.

Peter Wieden, Wartberg Verlag

Foto oben: Die Mutter des Täuflings, die Hebamme, die ihn im Tragekissen auf den Armen hält und das Schwesterchen sieht man auf dem Weg zur (kirchlichen) Taufe. Ihnen voran, im Bild nicht mehr zu sehen, geht der Vater mit den Taufpaten, nach der Mundart die beiden „Doten". Die Frauen tragen ihre Kirchentracht für Festtage. Die Hebamme ist die erste der „drei weisen Frauen des Dorfes", die mehr können müssen als die anderen, und zu denen noch die Hochzeitsnäherin und die Leichenbesorgerin gehören.

Foto rechts: Ein handgeflochtener Korb mit einem fahrbaren Unterbau aus der Hand des Wagners bilden die Kombination von Kinderbettchen und Kinderwagen, im Volksmund ein Kinder-Schäsle (von franz. chaise), ein Kinder-Kütschle.

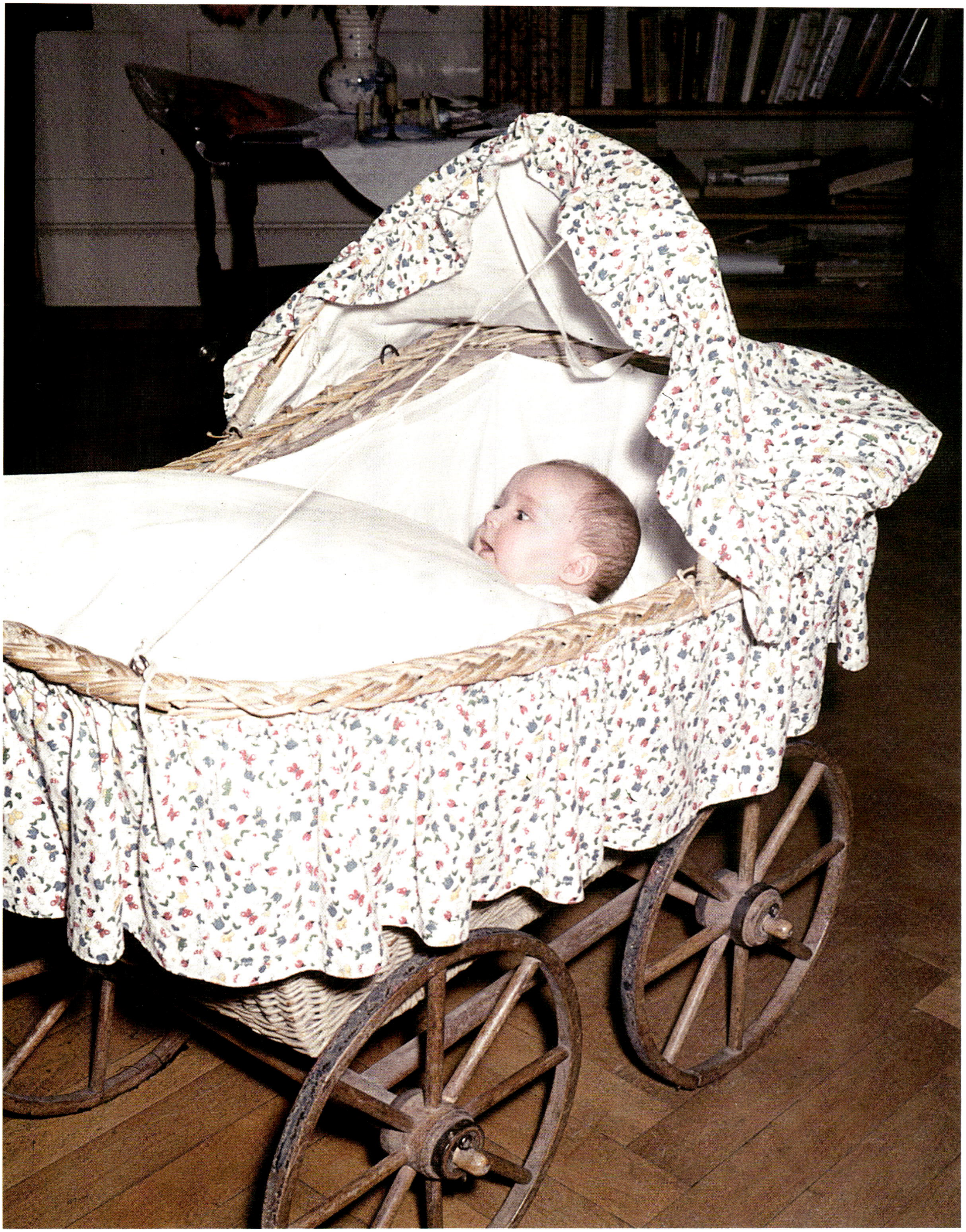

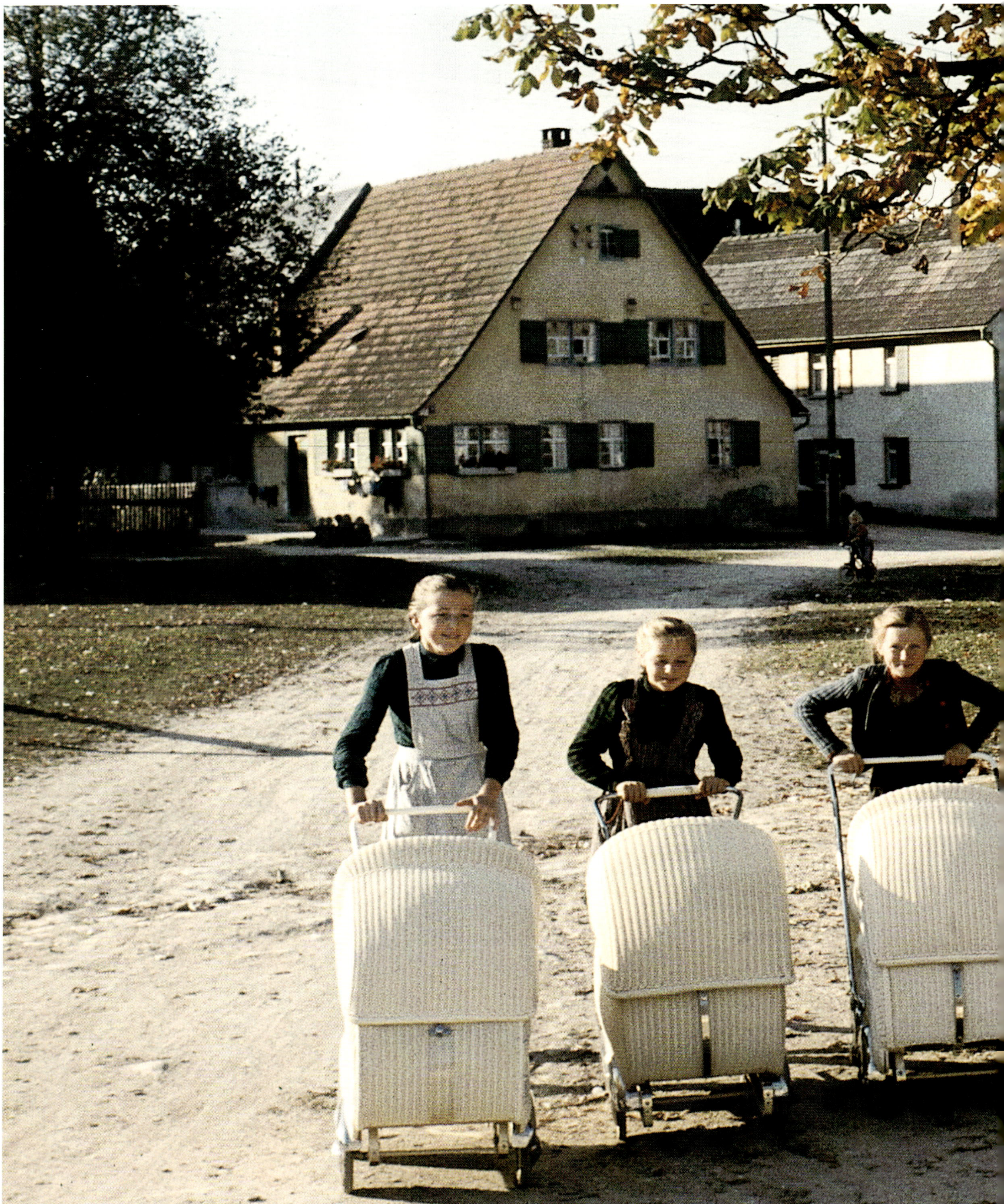

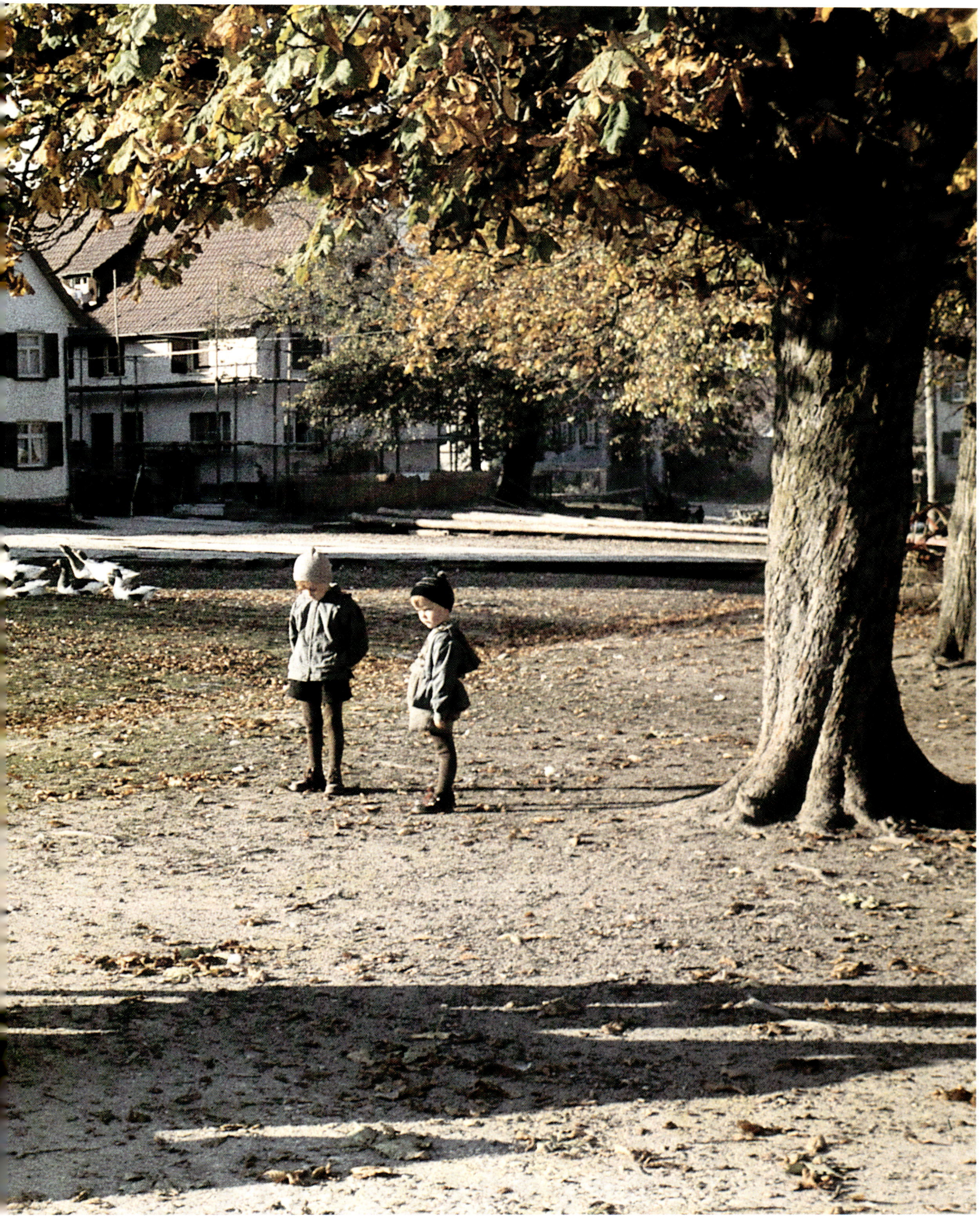

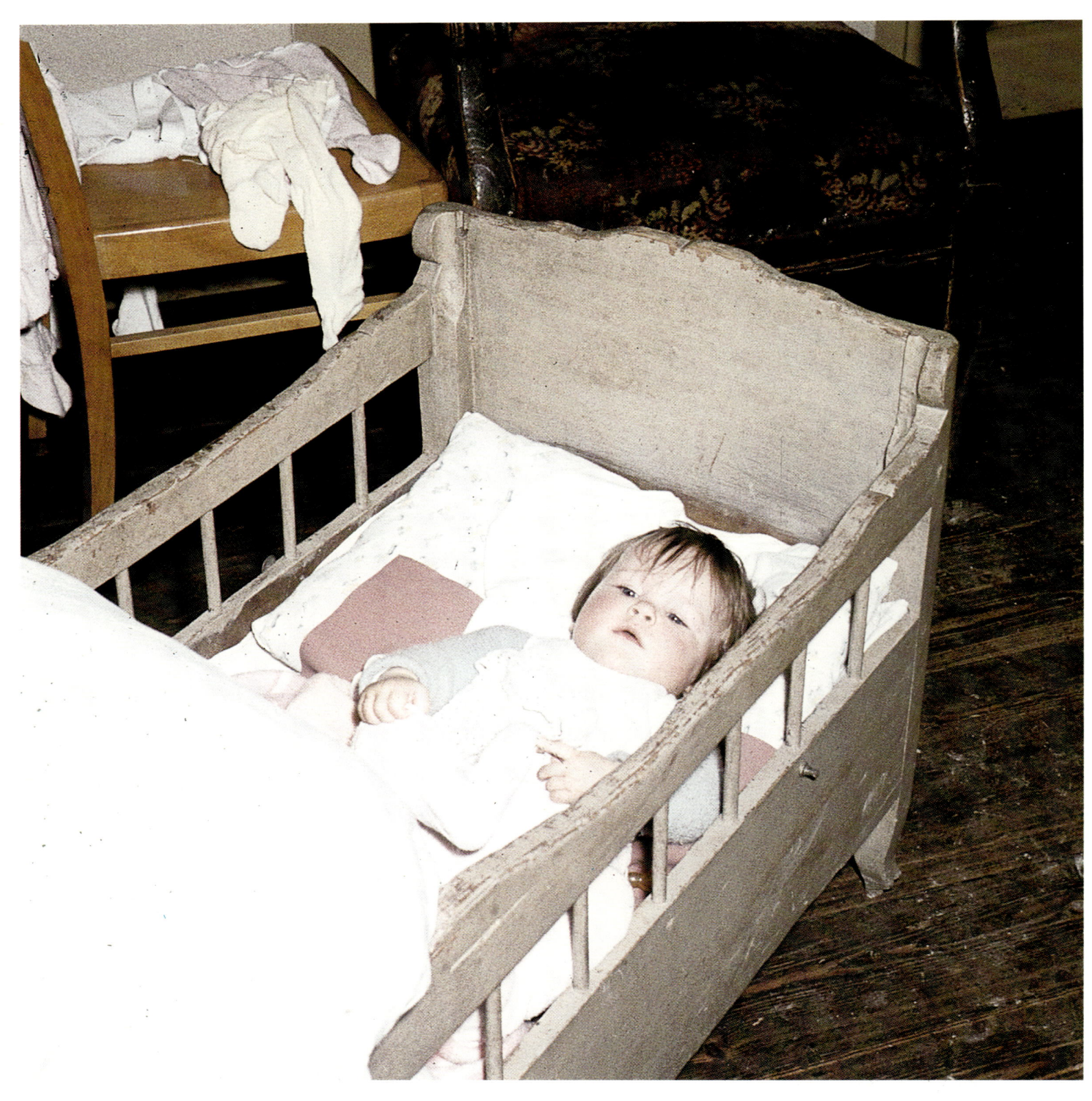

Foto Seite 6/7: Sehr viel moderner als das Kinder-Chaisle aus der Zeit vor dem ersten Weltkrieg wirkten diese Kinderwagen aus den fünziger Jahren. Doch auch ihre Gondeln und Dächer bestanden aus Flechtwerk. Die Mädchen haben Freude an ihrer Beschäftigung als Kindsmägde.

Foto oben: Auch aus der Werkstatt eines Dorfhandwerkers stammt das hölzerne Bettlädle, das schon seit Generationen seinen Dienst versieht. Unten drin liegt ein Spreuersack als weiche Unterlage. Er ist gefüllt mit Hülsen des Korns, die beim Dreschen getrennt gesammelt werden. Daß man ihn immer wieder trocknen und seinen Inhalt ab und zu erneuern mußte, braucht kaum gesagt zu werden.

Foto rechts: Ostern ist in der Nähe und für Kinder damit der Osterhase. Das Landkind hat kein oder nur wenig künstliches Spielzeug. Erfreut greift das kleine Mädchen nach dem Plüschhasen in der Hand des Bruders. Daß es Sonntag ist, erkennt man an der Tracht der Mutter. Sie ist die Seele des Hauses. Sie läßt die Sonne scheinen für die Familie. Für jedes hat sie ein gutes Wort neben der vielen Arbeit, die sie ständig bewältigen muß.

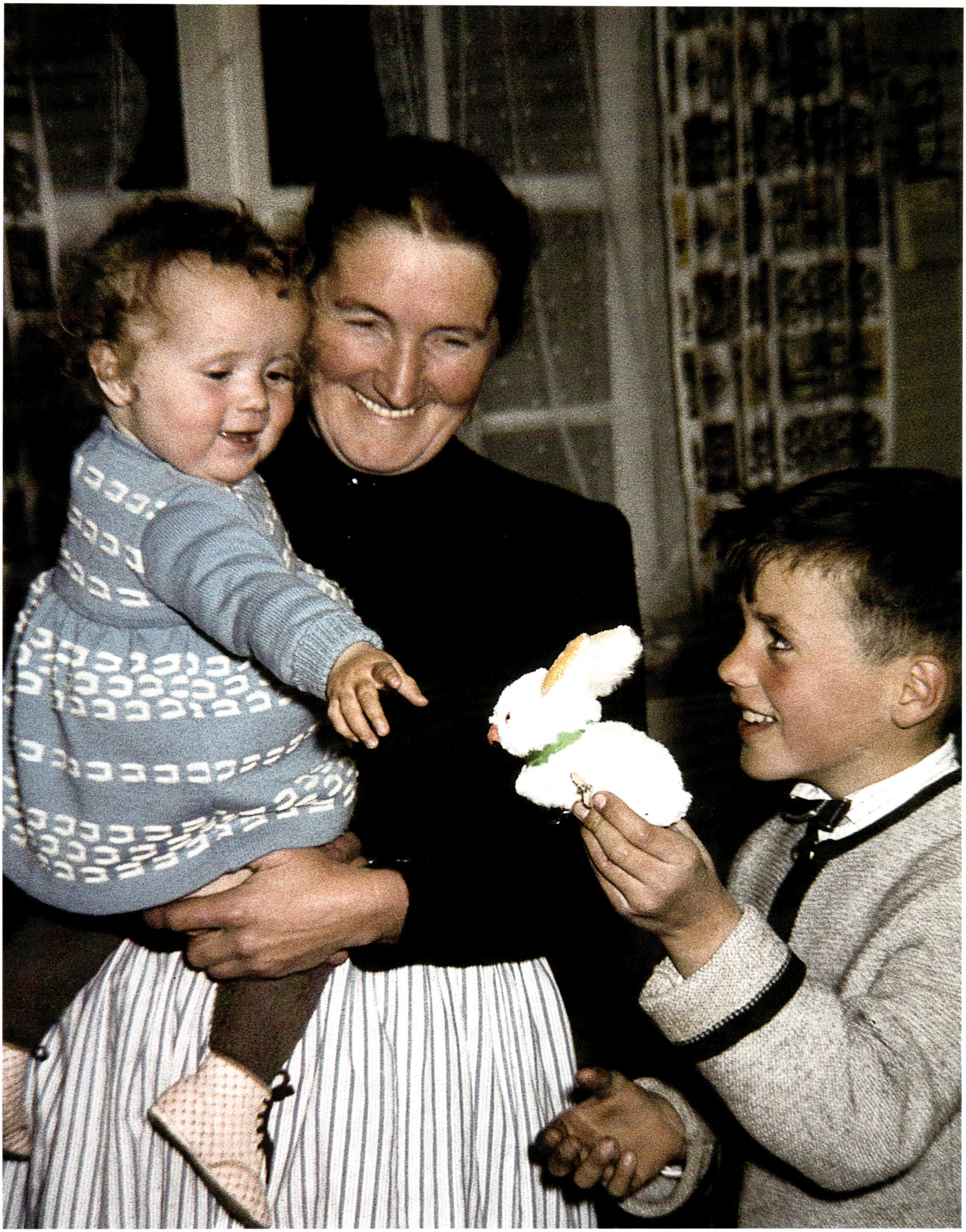

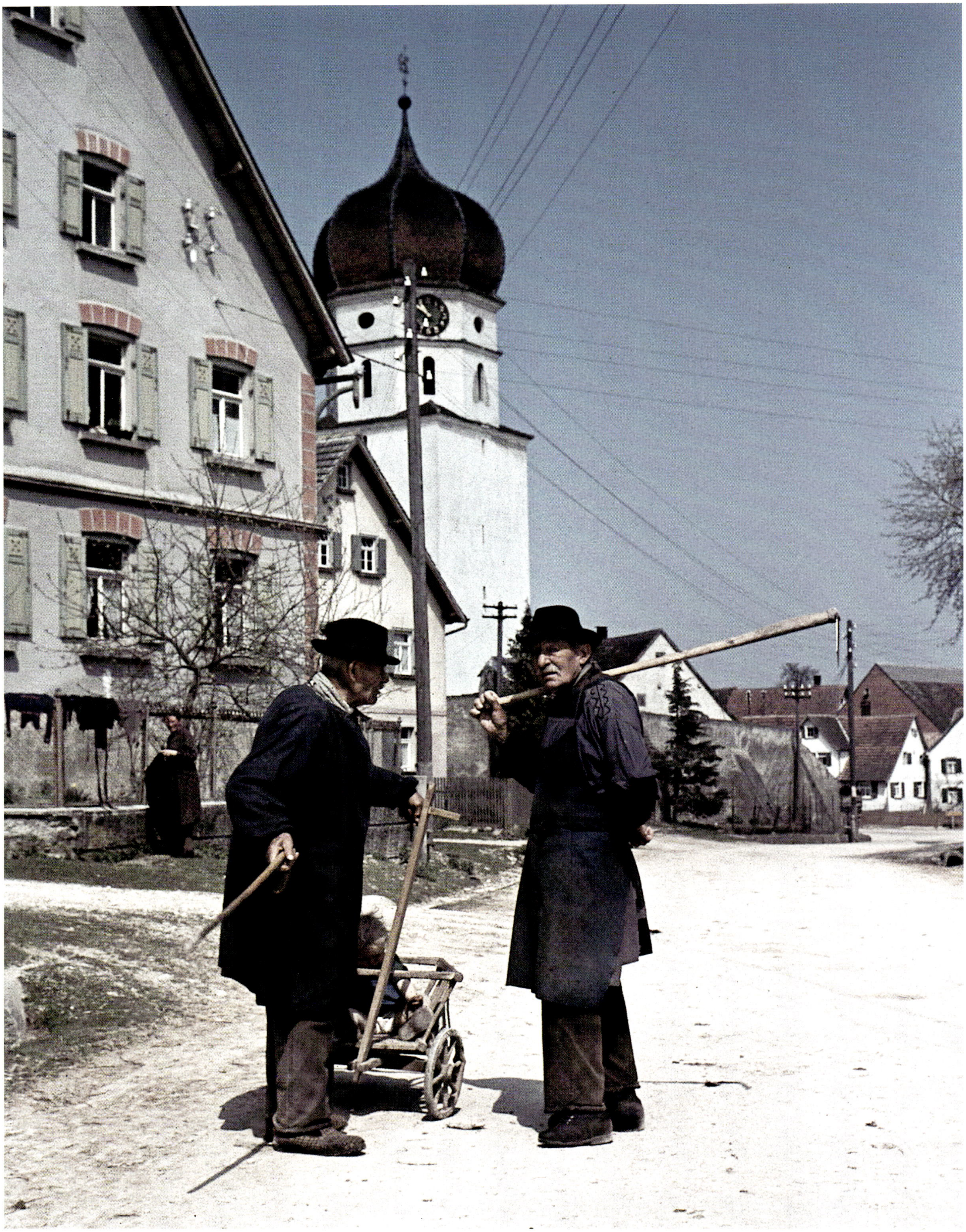

Foto links: Zwei alte Bauern begegnen sich gegen Ende des Vormittags in der Breiten Gasse. Der Kirchturm im Hintergrund war vor seiner Erneuerung im 18. Jahrhundert ein Wehrturm, die Kirchhofmauer eine Wehrmauer.

Die Hacke geschultert, kehrt der eine dieser Achtzigjährigen von der Feldarbeit heim, der andere hat ein Enkelkind im Leiterwägelchen hinter sich. Beide tragen Blauhemden, die männliche Arbeitstracht. Am Zaun vor dem Bauernhaus wird gewaschene Arbeitskleidung zum Trocknen aufgehängt.

Foto oben: Kleinkinder, die noch nicht in den Kindergarten gehen können, müssen in der Familie gehütet werden. Das übernehmen die Großeltern, ältere Geschwister oder auch Nachbarskinder. Nicht nur Mädchen machen sich dabei nützlich, auch Buben ziehen gerne ein Leiterwägelchen mit ihrem Schützling hinter sich her.

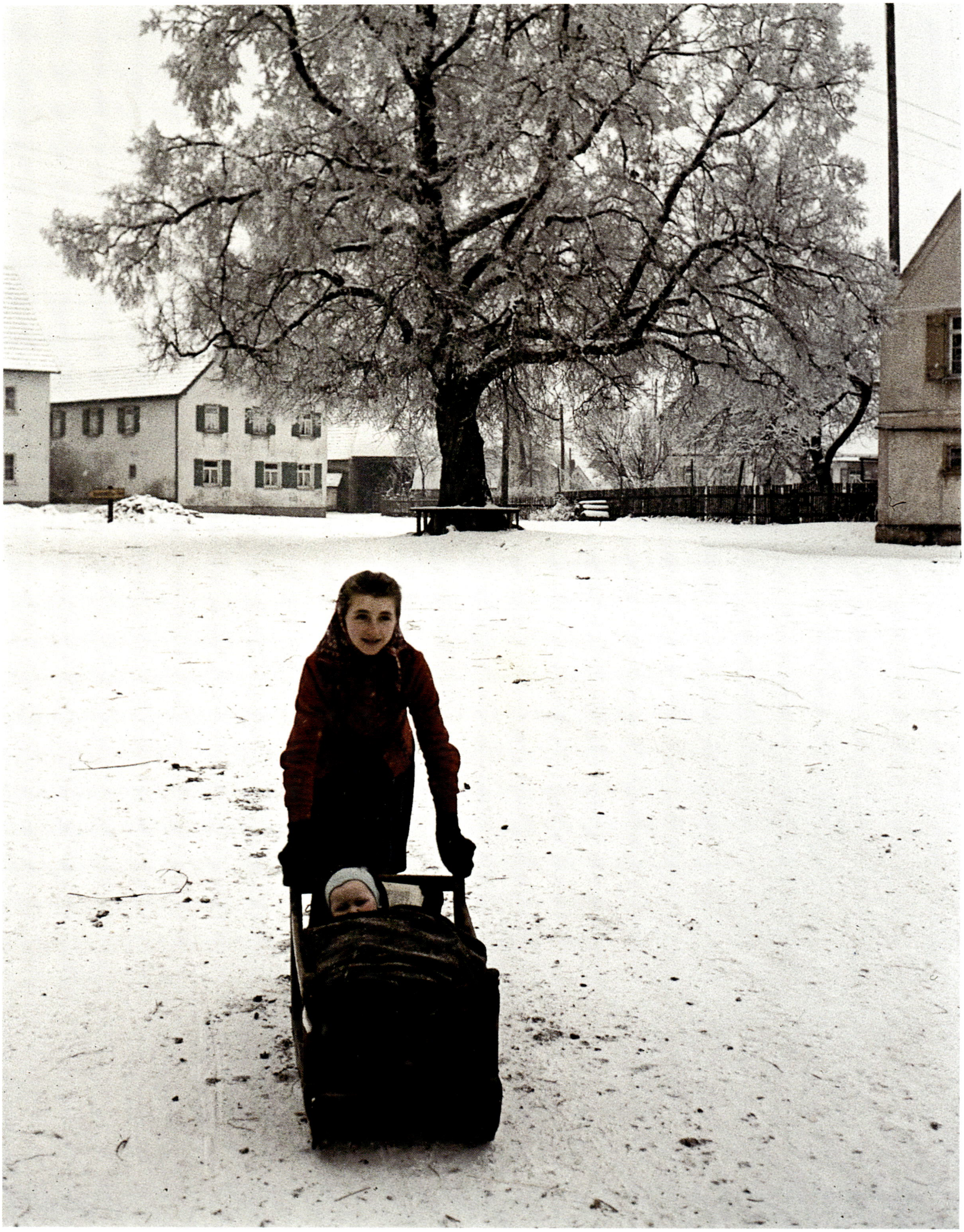

Foto links: Im Hintergrund grüßt die 150 Jahre alte Dorflinde im Winterschmuck. Schnee bedeckt auch die Straßen, so daß Schlitten „laufen". Anstelle eines Kinderwagens benützt das Mädchen einen „Eingemachten", d.h. einen Handschlitten, der auf drei Seiten mit hölzernen Wänden „eingemacht" ist. So läßt sich das kleine Kind warm eingehüllt spazierenfahren.

Foto oben: Es ist Mittagszeit. Der Kindergarten ist aus, die Kinderschüler gehen nach Hause. Nur zwei von ihnen, der Bub links und das Mädchen in der Mitte, verraten eine Abweichung vom Alltag mit einem Papierhütchen und der Verkleidung als Fliegenpilz. Warum? Der Kalender verkündet die Fastnachtszeit; aber im protestantischen Dorf bleibt es nur bei solch bescheidenen Äußerungen des Faschings.

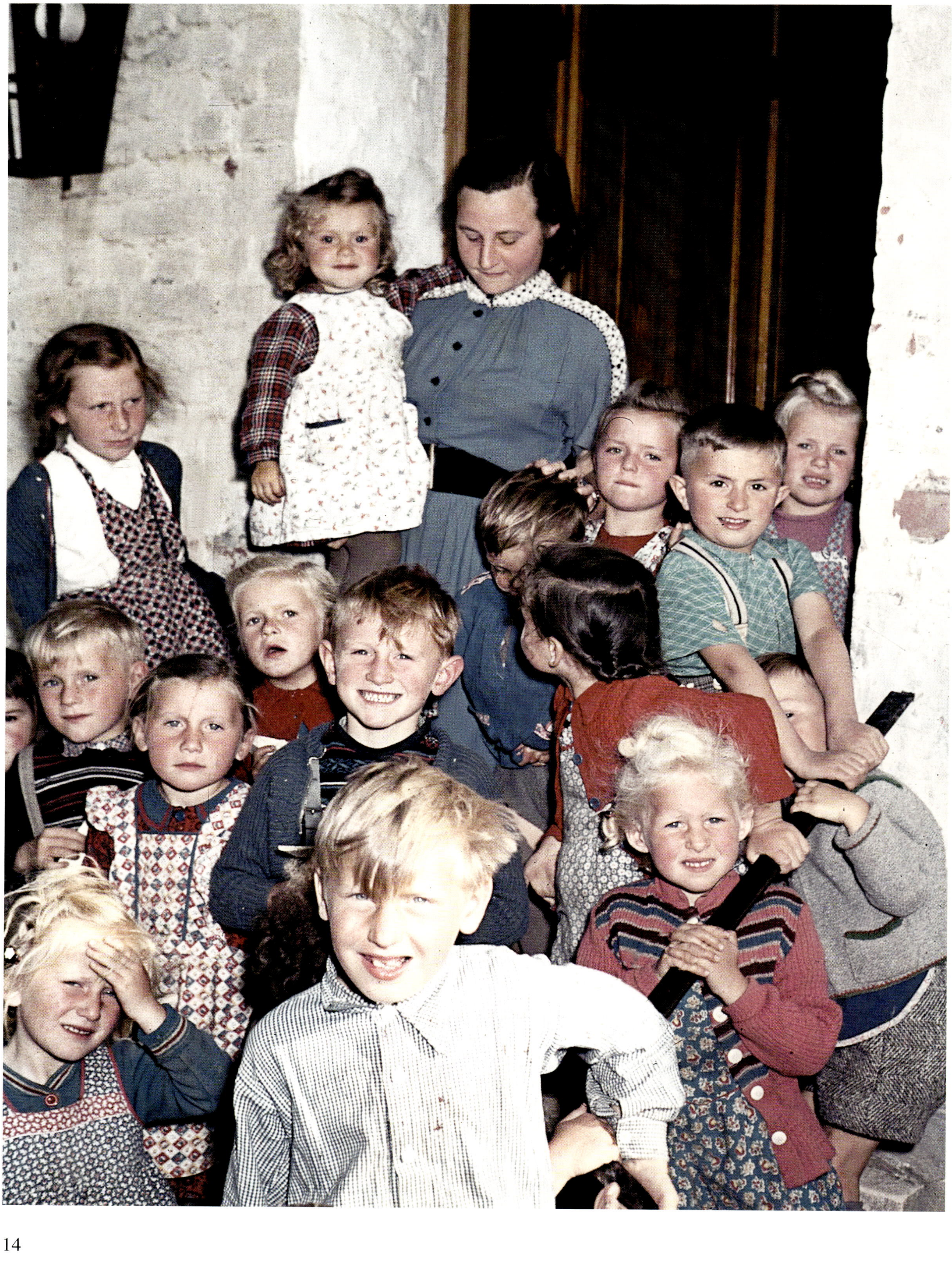

Foto links: Aus dem Kindergarten quillt es heraus. Tante Engel-Marie hat alle Hände voll zu tun mit der Schar ihrer quicklebendigen Buben und Mädchen. Es geht hinaus zum Spielen im Sandkasten.

Foto oben: Der Sand ist eine wichtige Hilfe für den Spieldrang der Kinder. Hier laufen Bewegung und Gestalten ineinander. Eine der Tanten hat sich dazu gesetzt, und so wird das Spielen noch viel netter.

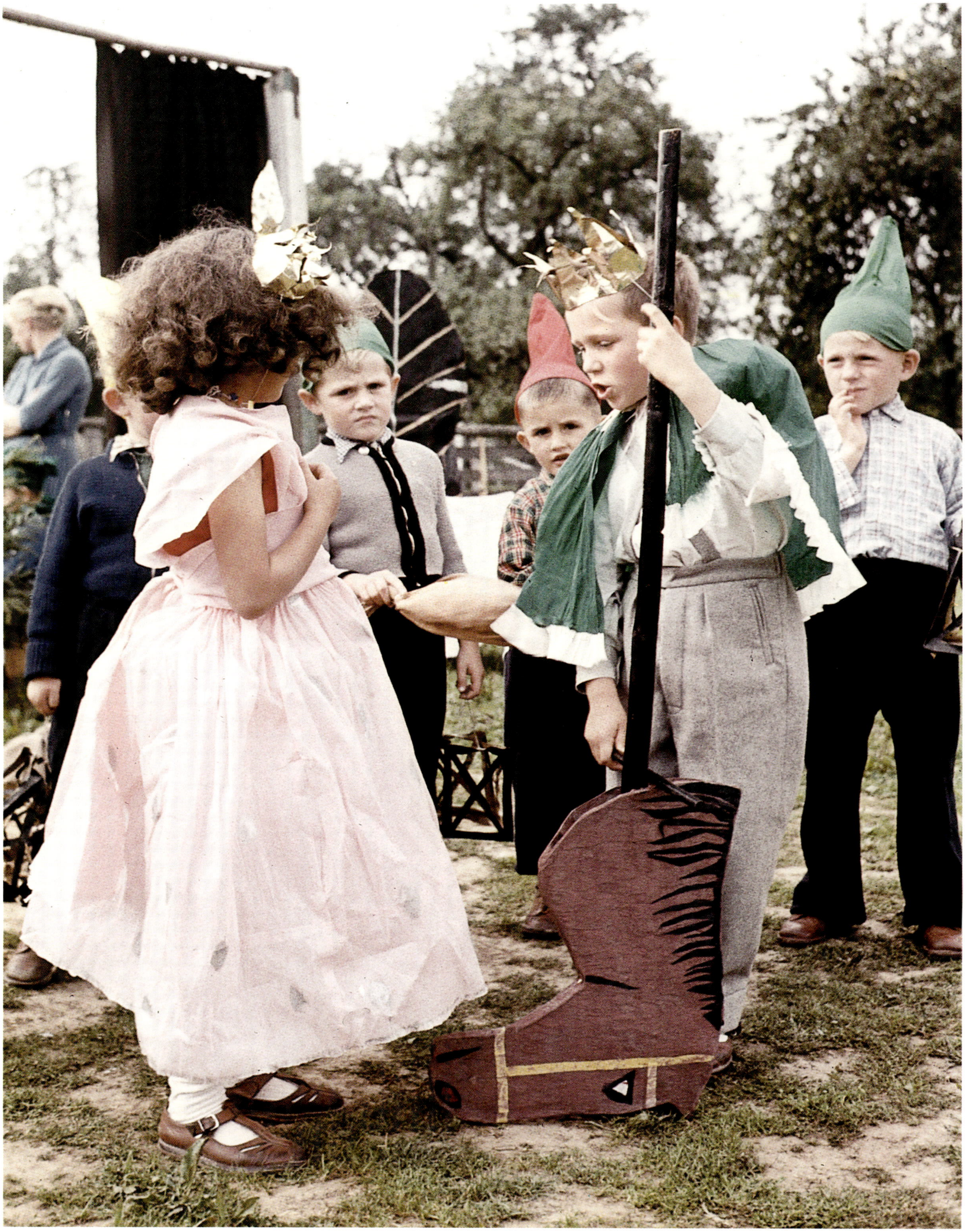

Foto links: Zu den Höhepunkten im Jahreslauf des Kindergartens gehört das Sommerfest. Wenn die große Ernte von Weizen, Roggen, Gerste und Hafer vorüber ist und die Eltern wieder einen freien Sonntag haben, steigt das Festle auf der Wiese hinter dem Haus der Jugend. Wochenlang wird neben dem alltäglichen Spiel für dieses Programm geübt. In diesem Jahr gehörte die Aufführung des Märchens von Schneewittchen dazu. Am glücklichen Ende wirbt der Prinz um die Schöne. Dazu ist er auf seinem Steckenpferd herangeritten, und die Zwerge haben nichts dagegen.

Foto oben: Der Nachahmungstrieb gehört zum Kindsein wie der Atem zum Leben. Neulich zog eine Hochzeit durchs Dorf zur Kirche. Das war ein Erlebnis für Groß und Klein entlang der Dorfstraße. Was dort zu sehen war, wollten ein paar kleine Buben und Mädchen hier im Garten nachmachen. Die fehlende **Musik** wird einfach durch Singen ersetzt, das Bukett der Braut durch einige grüne Blätter.

17

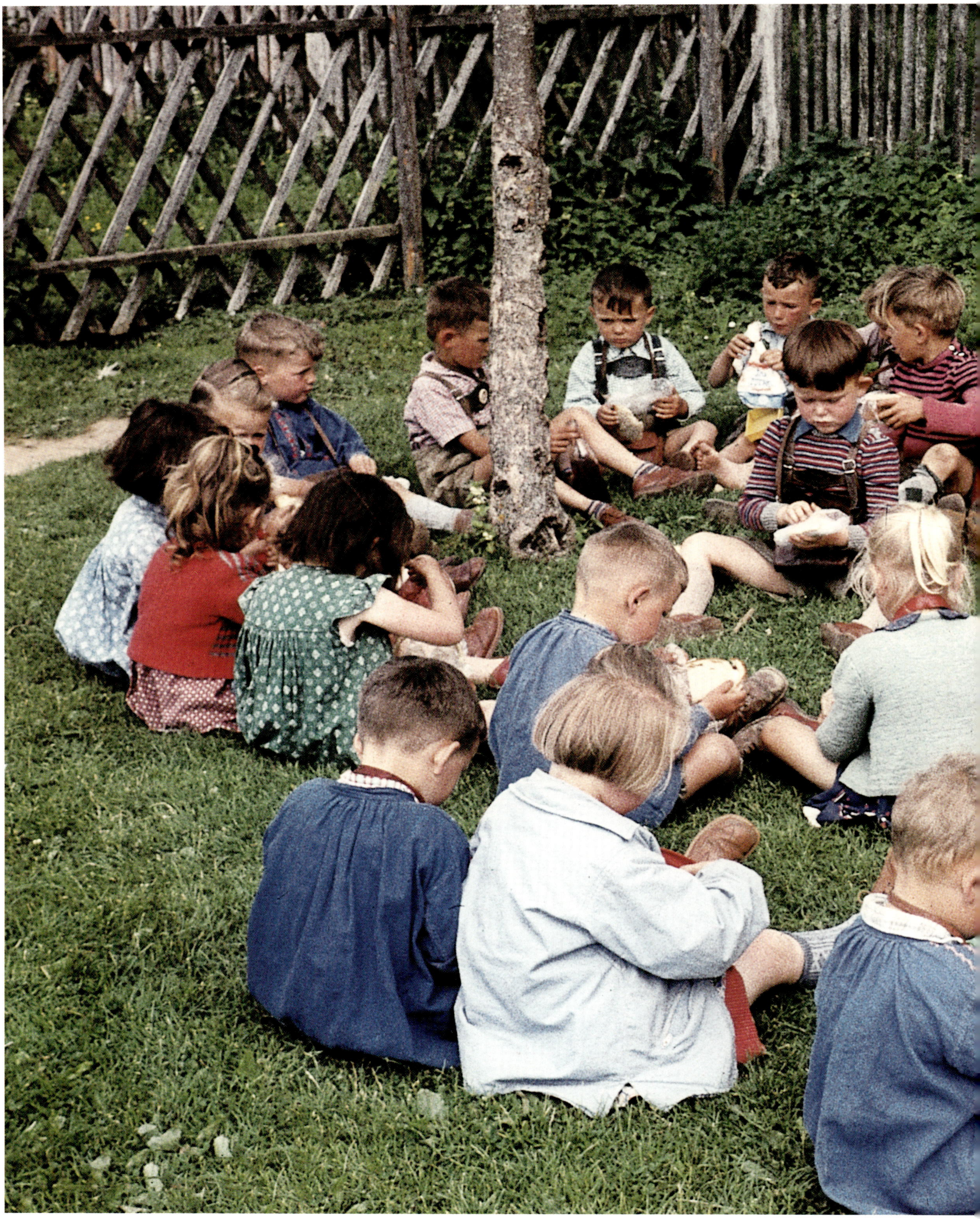

19

Foto Seite 18/19: Aber außer dem Sandkasten gibt es noch eine grüne Wiese am Kindergarten. Da ist es doch jeden Tag ein neues Erlebnis, sich zum Vesper hinzusetzen und auf die spannende Geschichte zu warten, die die Tante Heidi jetzt gleich erzählen wird. Blauhemden gibt es schon unter den Kinderschülern.

Foto oben: Der Älteste von den Vieren hat als erster das Lesen gelernt. Nun führt er seine Kunst den äußerst gespannten Zuhörern vor und liest laut aus seiner Fibel, aus dem „Goldenen Brunnen". Dazu hat er sich in den alten Ohrenbackensessel seines Urgroß- und Großvaters gesetzt.

Foto rechts: Wer sieht schon, daß es draußen regnet? Da kann man nicht hinaus „auf d´ Gaß´" zum Spielen. Also gilt es eine Beschäftigung im Haus zu finden, „damit man niemand im Weg umgeht". Der Tisch in der Stube wird gerade für eine andere Arbeit benötigt. Daher weichen die Kinder aus und legen sich zum Malen auf den Boden in der Kammer. Ein Linkshänder ist auch dabei.

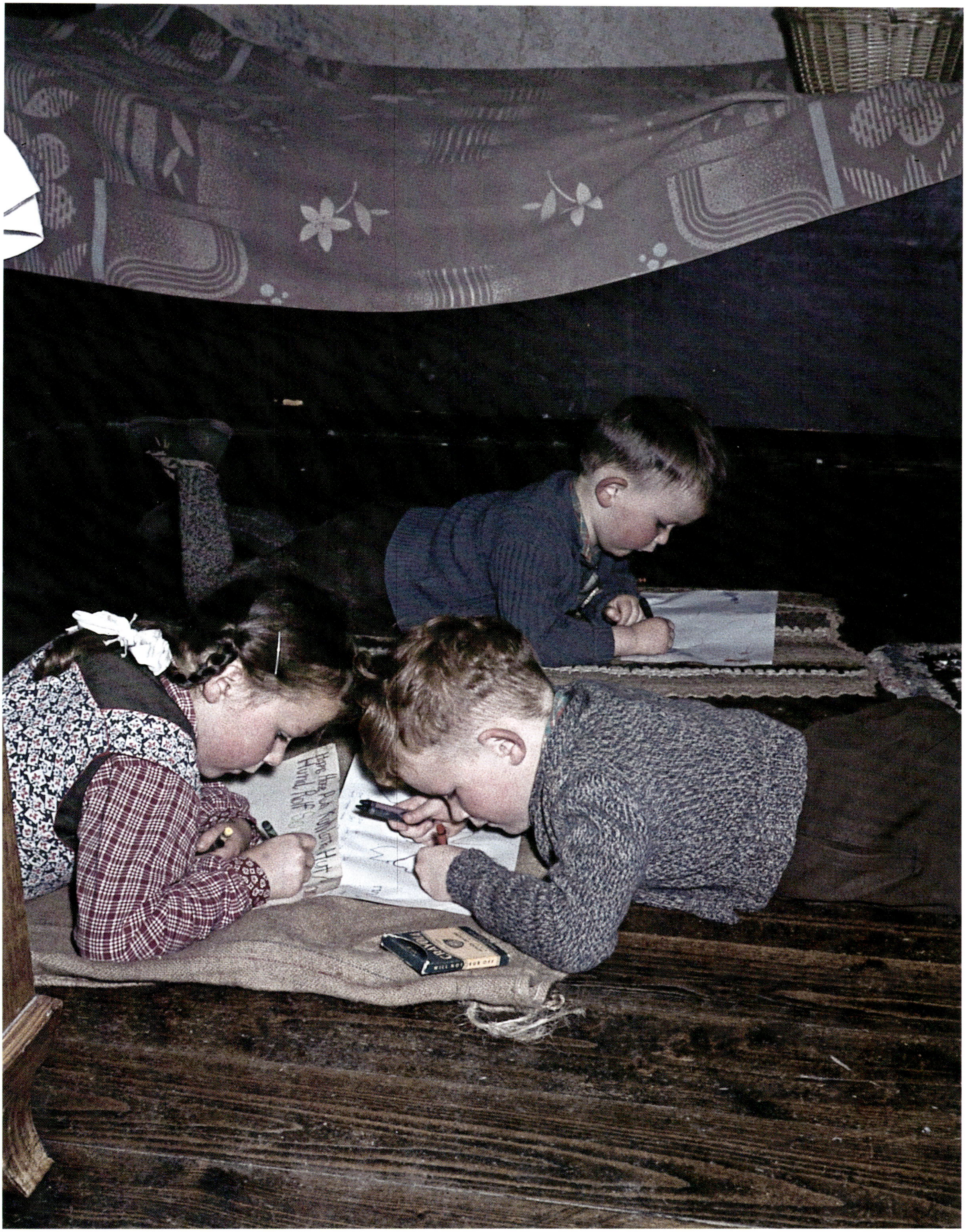

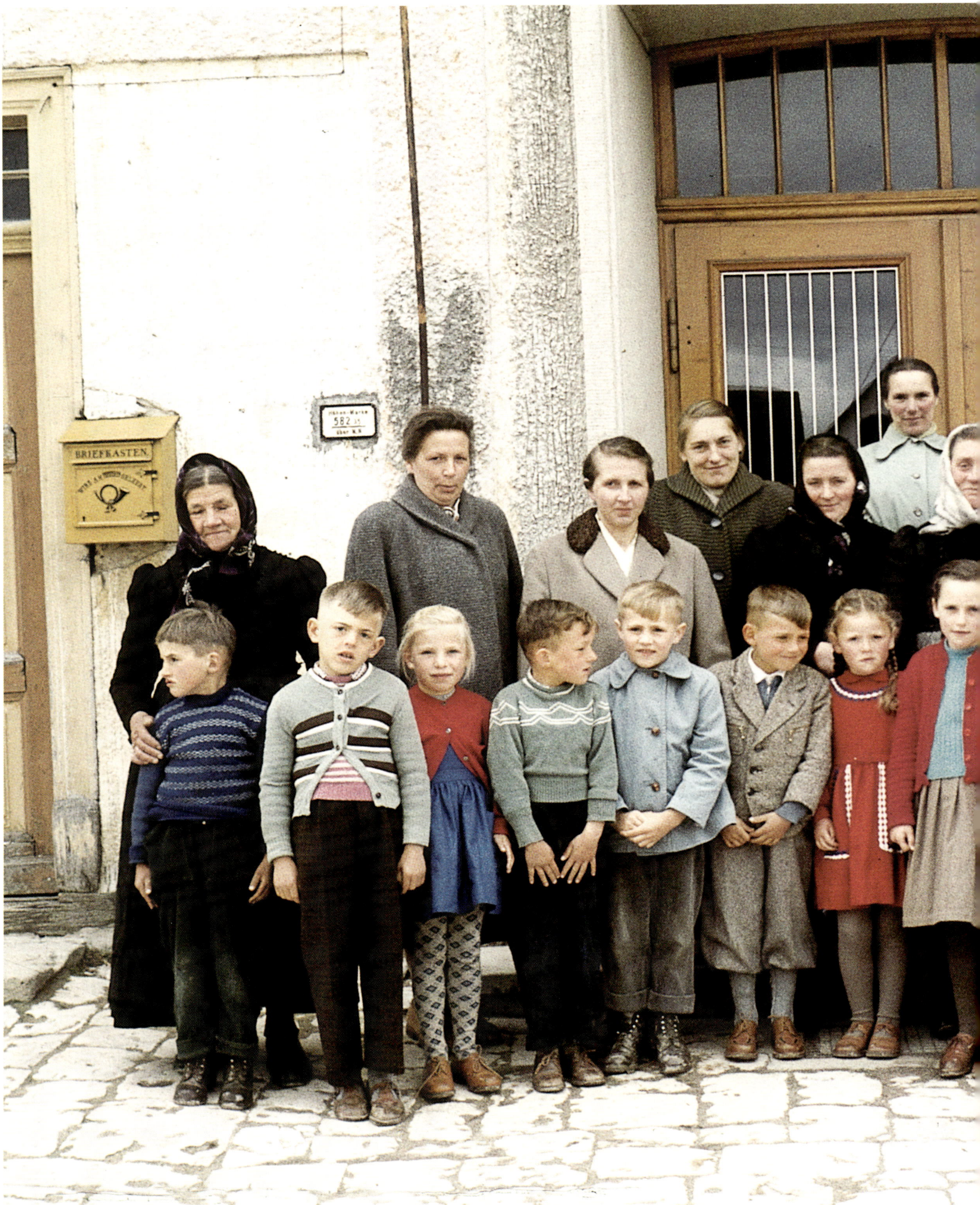
BRIEFKASTEN

Im Kindergarten haben sich alle schon kennengelernt, miteinander gelacht, gespielt und gesungen, manchmal auch ein wenig gestritten. Da bringt dann der Übergang in die Schule zunächst nur zwei Veränderungen, ein neues Haus und eine neue Bezugsperson, die Lehrerin oder den Lehrer. Weil die Schule über ihr Leben und das des Dorfes eine Chronik führt, braucht man dazu jedes Jahr auch ein Bild der Schulanfänger und ihrer Mütter. Und wo die Mutter abgehalten ist, begleitet die Großmutter den Enkel auf seinem ersten Schulweg.

23

24

Foto links: Noch ist das Dorf eine geschlossene Gemeinde, und der Schulweg dauert auch für die Kinder vom entferntesten Rand höchstens fünf Minuten. Da es sich um eine weniggegliederte Schule handelt, gehen die Buben und Mädchen von vier Altersjahrgängen zusammen in eine Klasse. Man spricht dabei von Unter- und Oberklasse.

Foto oben: ABC-Schützen müssen also in der Unterklasse anfangen. Daß das mit unterschiedlichen Erwartungen geschieht, verrät der Gesichtsausdruck der Neulinge. Gleich werden Mitschüler älterer Jahrgänge die Lernanfänger mit Singen und Spielen begrüßen und in ihre Klasse aufnehmen. Die starren Bänke aus der Vorkriegszeit sind längst beweglichen Tischen und Stühlen gewichen.

Foto Seite 26/27: Die Unterklasse hat während der Sommerferien ein erneuertes Lokal erhalten, darum stehen die Bänke noch im Freien, wo sie gereinigt wurden. Bevor das Gestühl aber wieder an seinen alten Platz kommt, wollen die Unterkläßler doch einmal versuchen, wie es sich vor dem Schulhaus sitzt. Dazu lacht die Sonne, und alle haben mit dem Lehrer ihren Spaß daran.

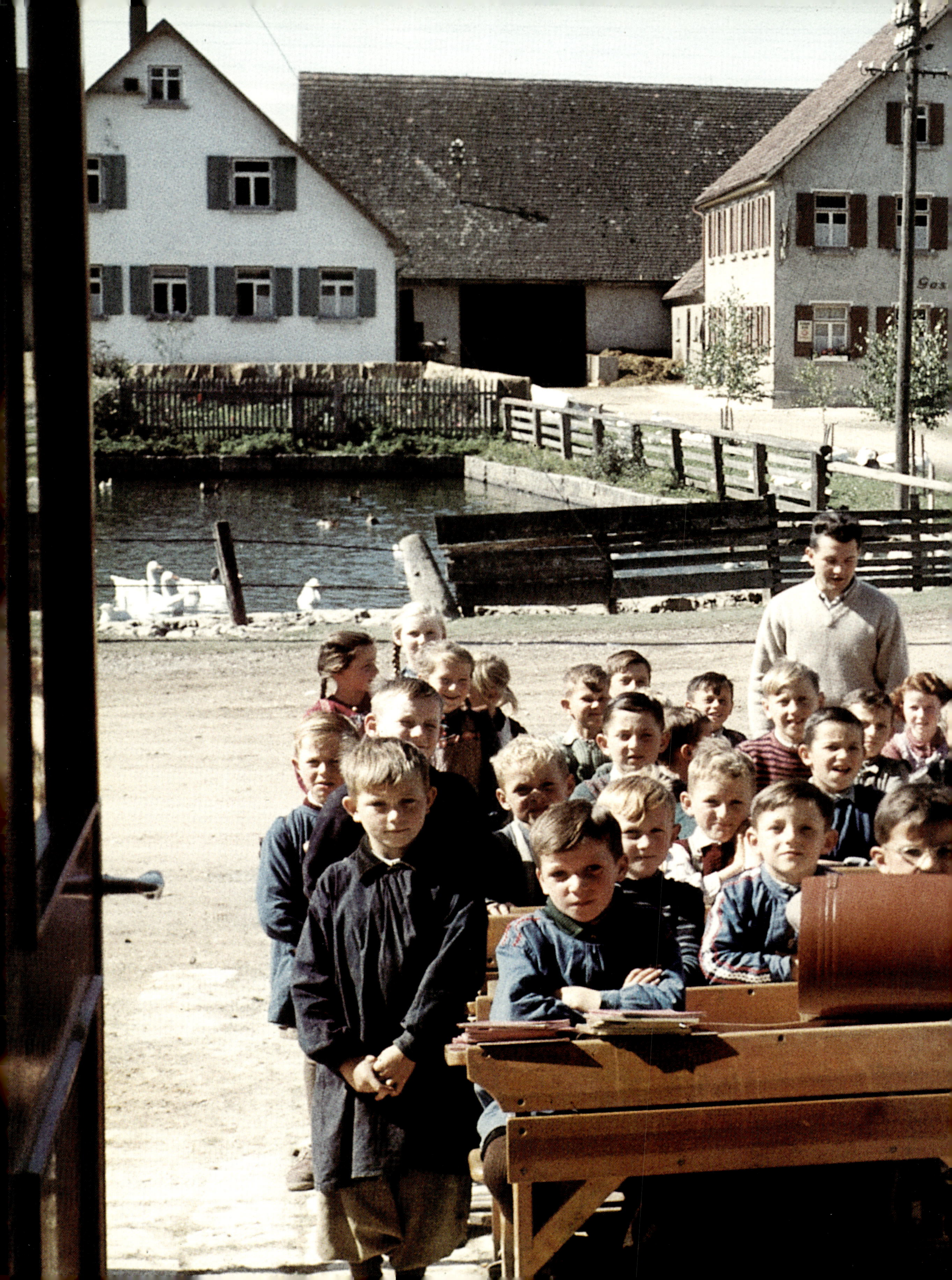

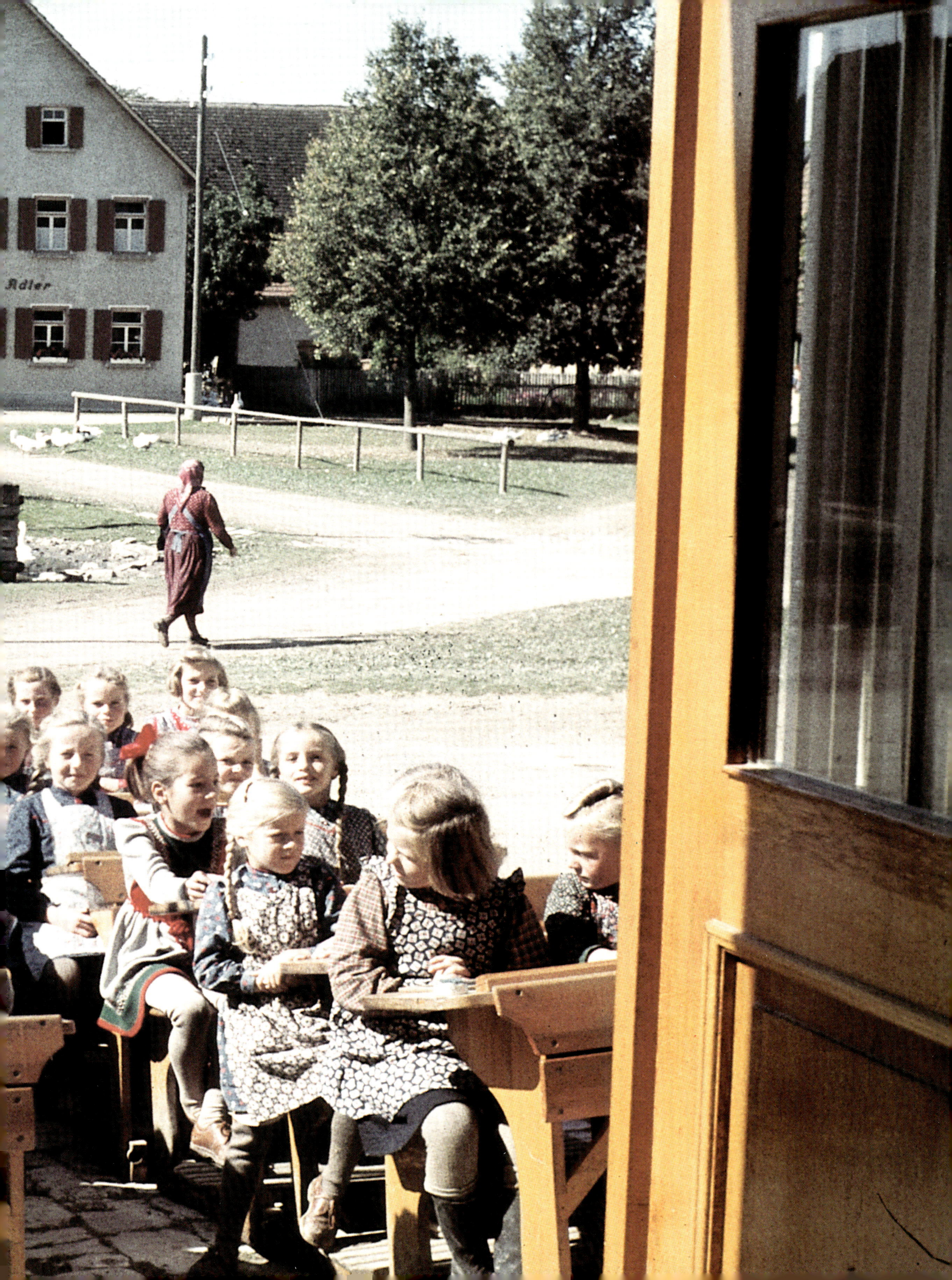
Adler

Wochenlang haben Kinder und Eltern zu Hause an ihren „Palmen" gebastelt. Aus Wintergrün wie Buchs, ausgeblasenen und bemalten Eiern, gedrechselten Holzteilen, Bändern, Kreuzen und Draht sind sie zusammengebaut. Am Palmsonntag tragen die Schöpfer ihre Kunstwerke zum Weihen durch den Geistlichen in die katholische Kirche. Danach kommen sie zurück, werden an den Gartenzaun oder in den Hausflur gestellt und sollen Haus und Hof vor Unheil schützen.

Zum Brauchtum an Pfingsten gehört in einigen Orten der Schwäbischen Alb der Pfingstlümmel, anderwärts auch als Pfingstbutz oder Latzmann bekannt.

Ein oder zwei Buben kurz vor dem Konfirmandenalter werden einzeln am frühen Morgen heimlich in einer Scheune in ein Gewand aus grünem Buchenlaub gehüllt und dann noch mit Blumen geschmückt. Niemand darf wissen, wer sich unter dem Laubkegel verbirgt. Wenn der Gottesdienst zu Ende ist, treten diese Gestalten dann aus ihrem Versteck und beginnen, geleitet von einem „Fuhrmann" mit Geißel, ihren Weg durchs Dorf. Kleinere Buben mit Körben begleiten das seltsame Gespann. Die Eiersammler tragen Blauhemden und schwarze Zipfelmützen wie der „Fuhrmann". Außerdem haben sie Schellenriemen umgehängt, mit denen sie sich bemerkbar machen, wenn sie vor die Haustüre kommen, um vor allem Eier zu heischen.

Ihr Spruch dabei lautet:

„Weiber, Weiber, Oier raus,
oder i laß da Marder ens Hennahaus!
Dr Marder isch a gremmigs Tier!
Wenn der dahentr kommt, der frißt mai als mir!"

Das Gesammelte wird später unter allen verteilt.

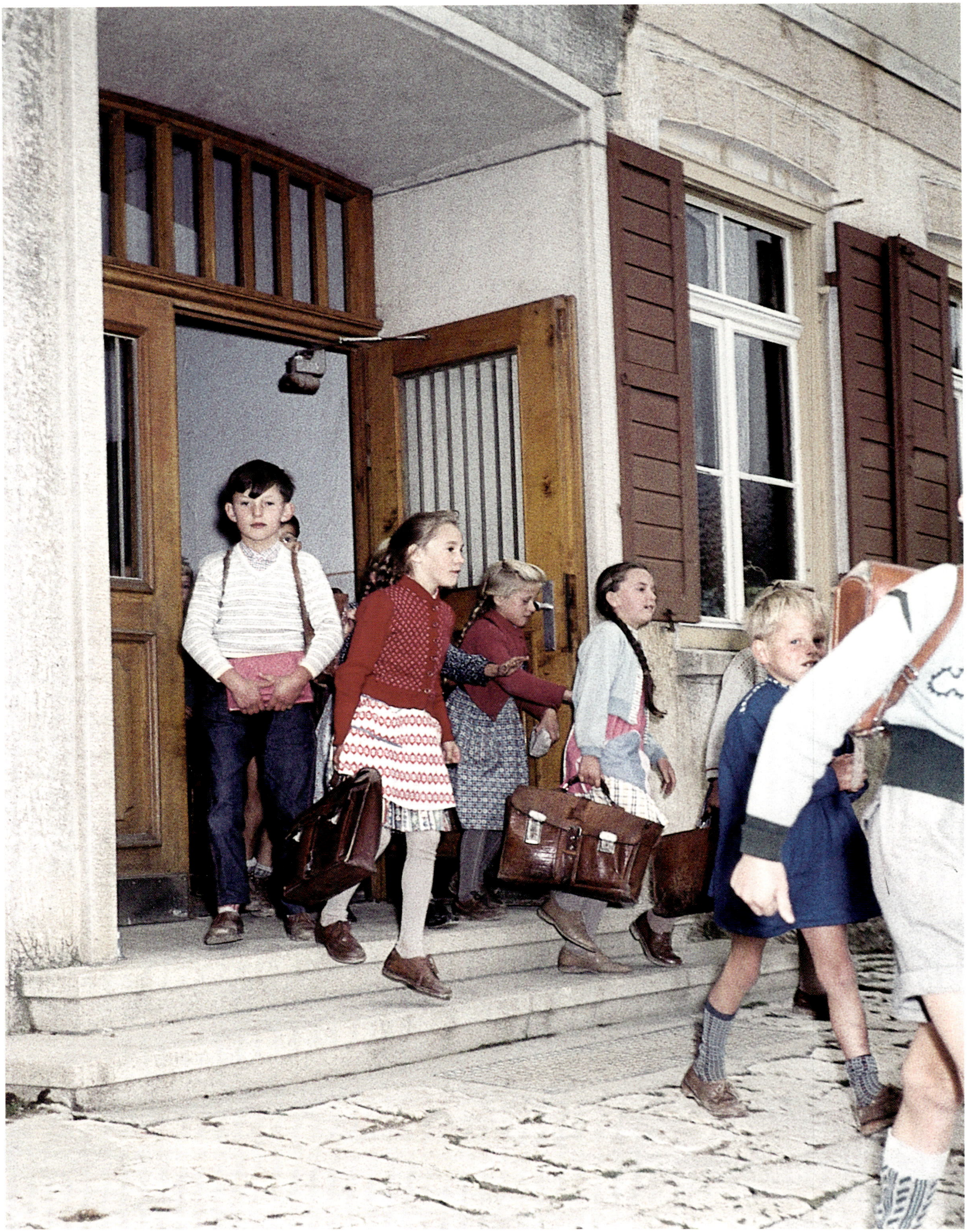

Foto links: An der kleinen Landschule zerhackte keine elektrische Klingel die Zeit und teilte sie in minutengenaue Abschnitte. Aber wenn es zwölf Uhr geschlagen hatte, fing die große Glocke auf dem Kirchturm an zu läuten und verkündete den Mittag. Das war auch für Lehrer, Buben und Mädchen in der Schule das Zeichen für das Ende des Vormittagsunterrichts.

Foto oben: Ein von Kindern noch geübter Brauch führte den Süddeutschen Rundfunk, Stuttgart, ins Dorf, um am Donnerstag nach dem zweiten Advent das „Klopfen" aufzunehmen. Buben und Mädchen klopfen Haus für Haus ab und haben dabei eine ganze Reihe von Sprüchen auf Lager, wie z.B.:

Klopfa, klopfa, Hemerle,
's Brot leit em Kemerle,
's Messer leit daneba,
willst' mr ebbes geba?

Epfel raus, Bira raus!
No gemr en a anders Haus!

Das Rundfunkteam hielt dieses Treiben mit dem Mikrophon fest, und danach war es für die Kinder eine kleine Sensation, gleich anschließend die eigenen Stimmen frisch und fröhlich am Aufnahmewagen wieder zu hören. In den Händen halten sie noch ihre Säckchen. Das „Klopfen" wurde anderwärts auch als „Säcklestag" bezeichnet.

31

Die drei Donnerstage vor Weihnachten waren früher als „Klopfatage" oder „Klöpflesnächte" bekannt. Das Gabenheischen an diesen drei Tagen war vor allem für Kinder aus ärmeren Familien sehr wichtig. Teilweise erhalten blieb der Brauch noch für den mittleren dieser drei Donnerstage. Dabei wird im Dorf ein Haus nach dem anderen aufgesucht von den in Gruppen gehenden Kindern. Der einfachste der Heischerufe lautet: „Krieget mr au 's Klopfa?" (Bekommen wir auch das Klopfen?) Das heißt, die für diesen Anlaß vorgesehene Gabe.

Die Bäuerinnen sind auf diese Besuche eingerichtet und verteilen vorwiegend etwas vom schon angefertigten Weihnachtsbackwerk. Außerdem gibt es Äpfel und Nüsse. Die „Doten" (Paten) halten für ihre Patenkinder Zöpfle, ein geflochtenes Gebäck aus Hefeteig, bereit. Beim Verlassen des Bauernhauses gibt es unter den Kindern prüfende Blicke nach dem Motto: Wer hat das Bessere erwischt?

Leute, heut' isch Klopfatag!
Gebt mr was en Klopfa-Sack!
Laß mi net so lang dastehn!
Muß a Häusle weitergehn.

Klopfa, klopfa, Hemerle!
Mei Vater leit em Kemerle,
mei Mutter leit em Bettelhaus.
Epfel raus, Bira raus!
No gange e en a anders Haus!

Klopfa, klopfa, Hemerle!
Mann und Frau em Kemerle,
sehn einander freundlich an.
Gebt mr au a Klopfenan!

Klopfa, klopfa, Hemerle!
Wer klopft denn an mei Kemerle?
Wer klopft denn an mei Haus?
Epfel raus, Bira raus,
oder mr ganget en a anders Haus!

Klopfenan!
's Weib hot en schena Mann.
's isch älles sche em ganza Haus.
Gebet mr a paar Epfel raus!

Klopfenan!
Bäure, richt au Knöpfle na!
Dr Bauer holet Epfel ra,
daß er ons was geba ka.

Knöpflesnacht! D´ Supp isch kalt,
d´ Bäure macht en Flada.
Laß a Breckele fahra!

Liebe Leutle send so guat
ond gebet mr ebbes zom Lupfa!

Knöpflesnacht, säck, säck, säh!
Epfel raus, Bira raus,
no gemr en an anders Haus!

33

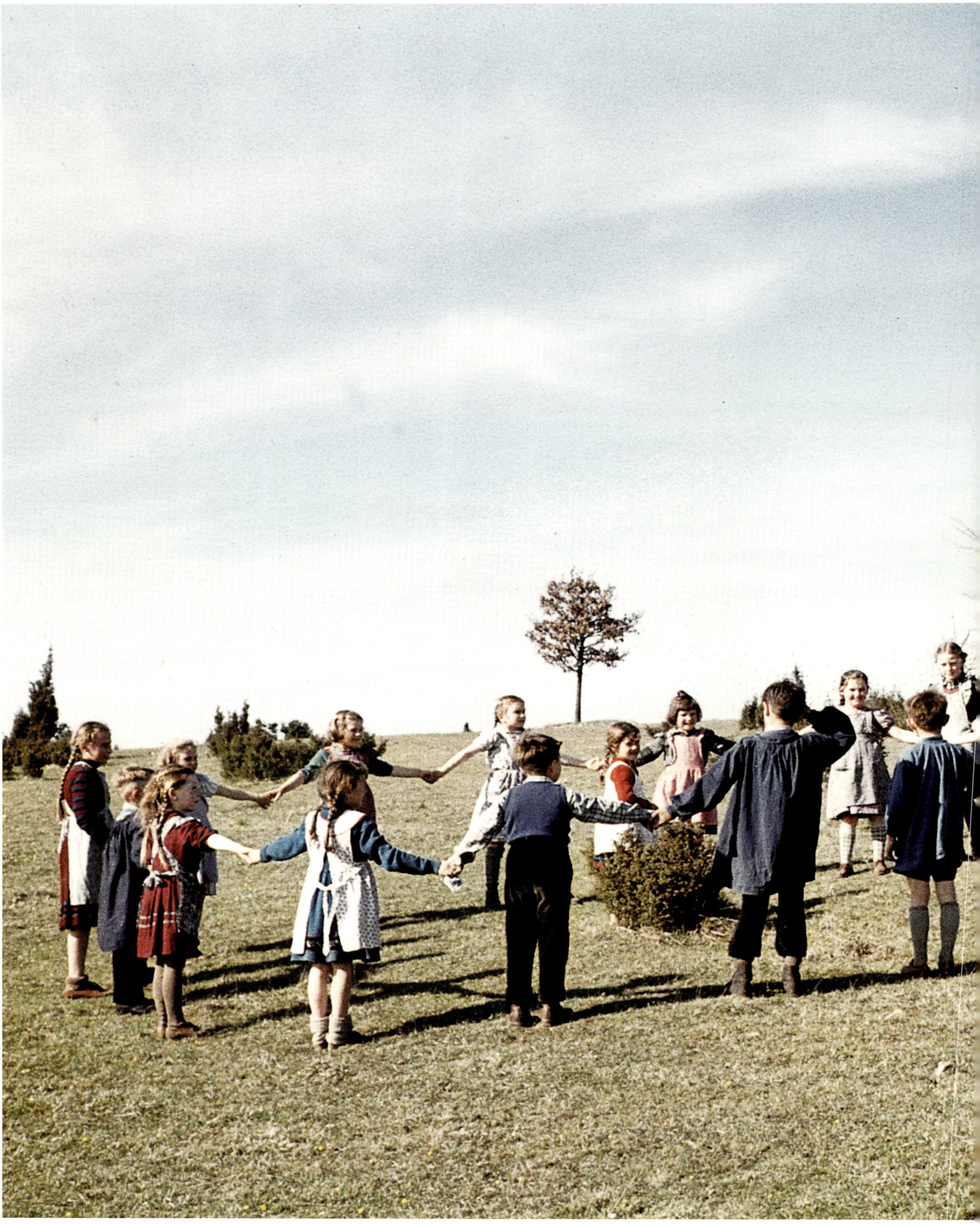

Foto links: Lehrer und Schüler einer Einklassenschule haben ihre Schulstube mit einer benachbarten Heide der Schwäbischen Alb vertauscht, um dort zwischen Wacholderbüschen, Hagebuchen und Wettertannen den Frühling zu begrüßen mit Spielen und Singen.

„Ich reise übers grüne Land,
der Winter ist vergangen.
Hab um den Hals ein gülden Band,
daran die Laute hangen."

Es bedarf keines Kommentars über die Wirkung und den Wert solcher Stunden für Erziehung und Gemütsbildung. Wer bringt sie uns wieder?

Foto oben: Musisches setzt sich fort mit diesem Bild. Vom Turm einer Burgruine am Rand der Schwäbischen Alb lassen die Buben und Mädchen ihre Augen in die Ferne schweifen, um das für sie ungewohnte Landschaftsbild zu erfassen. Dazu erklingt ein Lied „Wohlauf in Gottes schöne Welt!" Der Ausflug wurde indessen nicht zu einem schlauen Tag, erfuhr er doch in der Zeit davor eine eingehende Vorbereitung. Dazu gehörte die Verteilung von Aufgaben an verschiedene Gruppen. Und die Nachbereitung am folgenden Tag sorgte für Vertiefung der erworbenen Kenntnisse.

Foto oben: Am Tisch sitzen Großeltern mit einem Enkel. Auf dem Tisch liegt die alte Familienbibel. Die Nena, mundartlich für Großmutter, trägt ihre Festtagskirchentracht und erzählt dem Buben ein Erlebnis aus ihren Kinderjahren, nämlich wie man im Jahr 1897 eine Reihe von Linden pflanzte zur Erinnerung an eine Feuersbrunst, die hundert Jahre früher große Teile des Dorfes einäscherte. Die Pflanzung hat die Großmutter selbst erlebt, den Bericht über das Schadenfeuer von Eltern und Großeltern übernommen. Das gibt sie jetzt an den Enkel, die übernächste Generation, weiter. So werden wichtige Dinge aus der Ortsgeschichte mündlich überliefert von einem Menschenalter zum anderen.

Foto rechts: „Urahne, Großmutter, Mutter und Kind in dumpfer Stube beisammen sind."
So begann ein Gedicht, eine Ballade, die in alten Lesebüchern zu finden war. Von einer dumpfen Stube kann indessen bei diesem Bild nicht die Rede sein, aber die vier Generationen von der Urahne bis zum Urenkel und der Urenkelin sind beisammen und sind guter Dinge. Mit Recht kann man also von der Großfamilie sprechen, die im Dorf vielfach beieinander wohnte, deren Bestand aber leider immer mehr eine Erscheinung der Vergangenheit wird. Der Wandel der Zeitläufe äußert sich auch in der Kleidung. Urgroßmutter und Großmutter tragen noch die überlieferte Tracht.

Foto Seite 38/39: Der Dorfplatz ist zum Festplatz geworden. Eine ländliche Volksbildungswoche geht zu Ende. Schule, Gesangverein, Posaunenchor und eine Landjugendgruppe aus der Nachbarschaft gestalten den Sonntagnachmittag als Abschluß. In dieses ländliche Milieu paßt der Mühlentanz. Die weißen Schürzen und Zipfelmützen weisen auf Müllerburschen hin, der Wechsel der Bewegungen erinnert an die Arbeit in der Mühle. Unbewußt erleben die vielen Kinder unter den Zuschauern ein Stück Dorfgemeinschaft, in die sie selber hineinwachsen und zu deren Bestand auch ihr Mitmachen gehören wird.

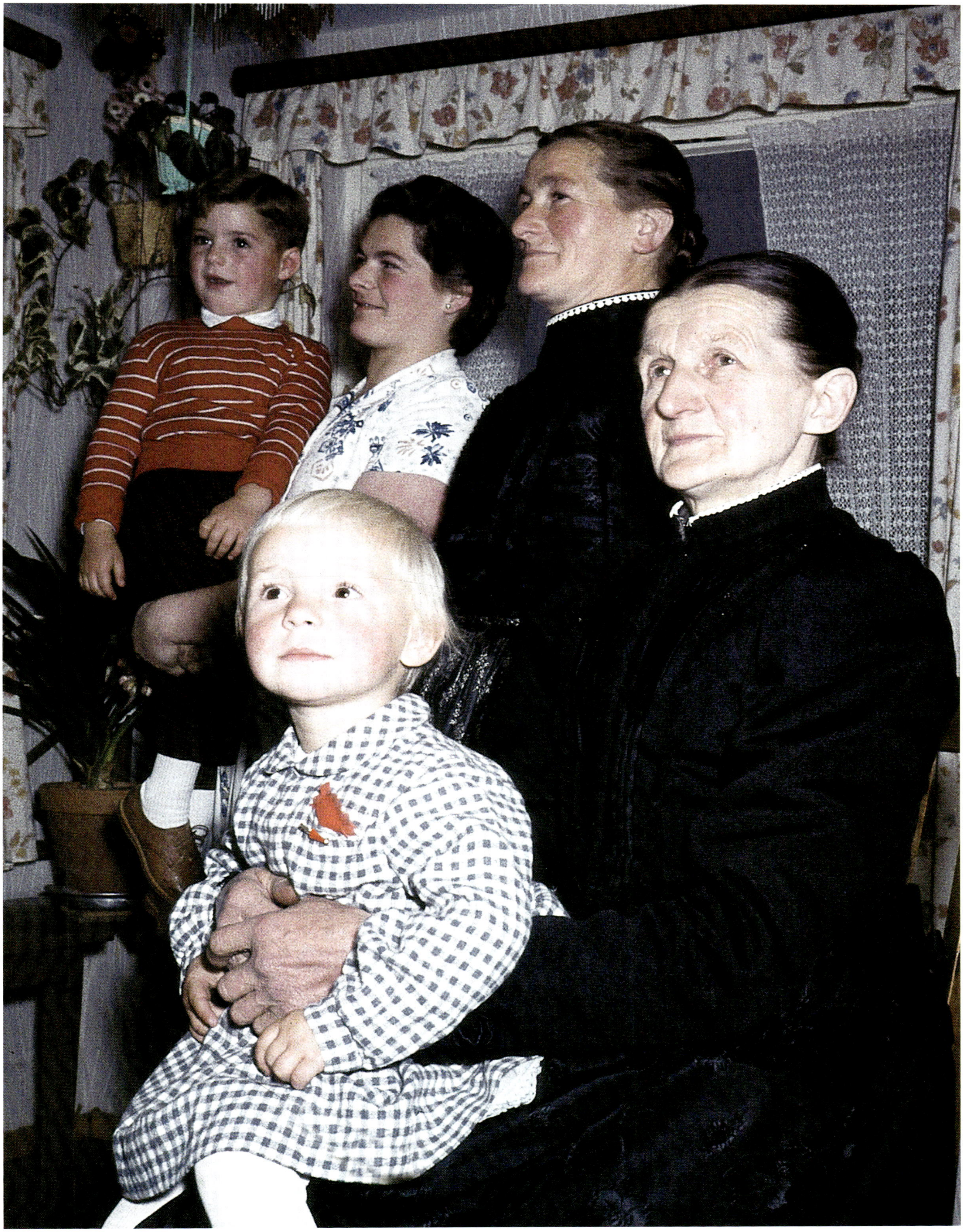

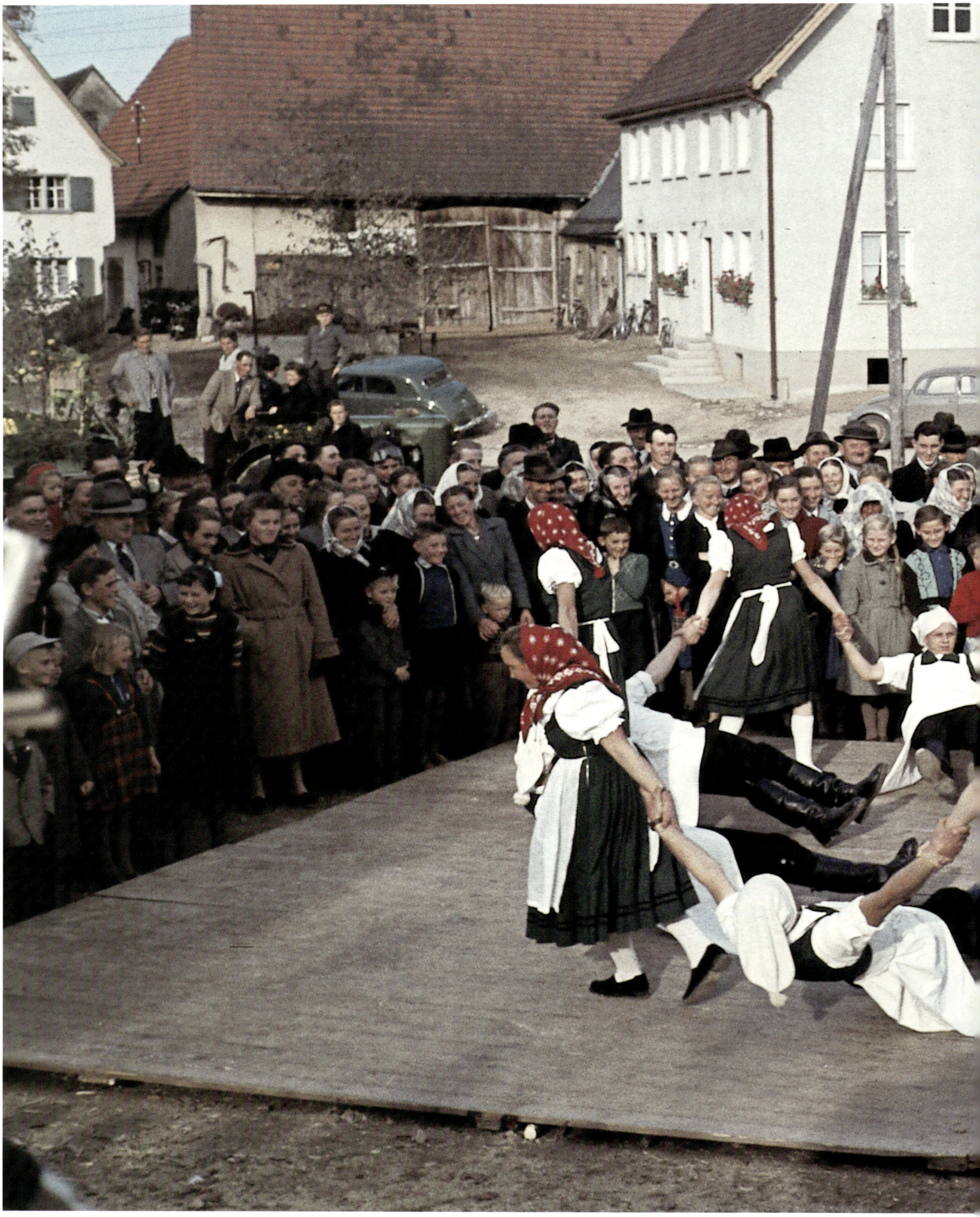

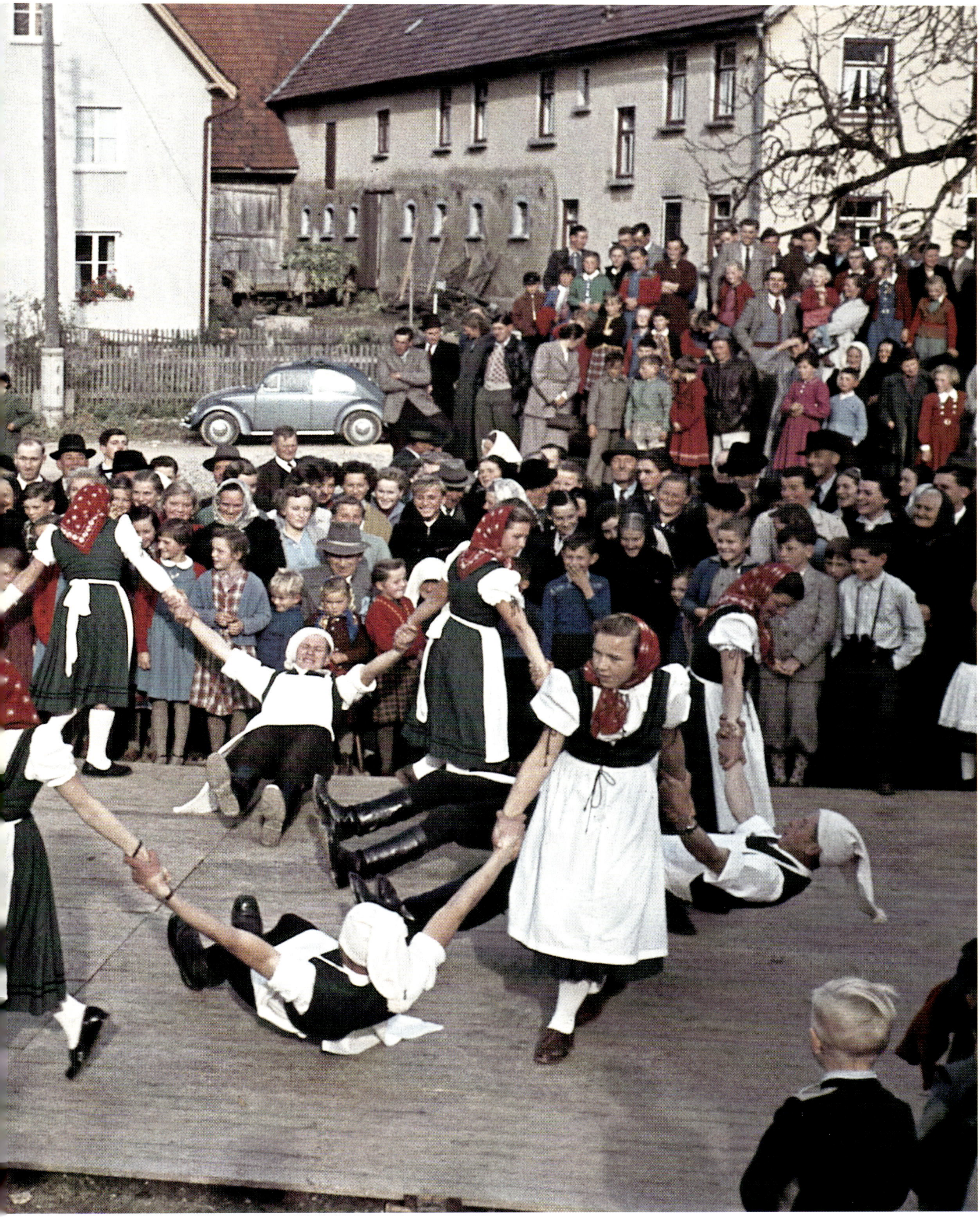

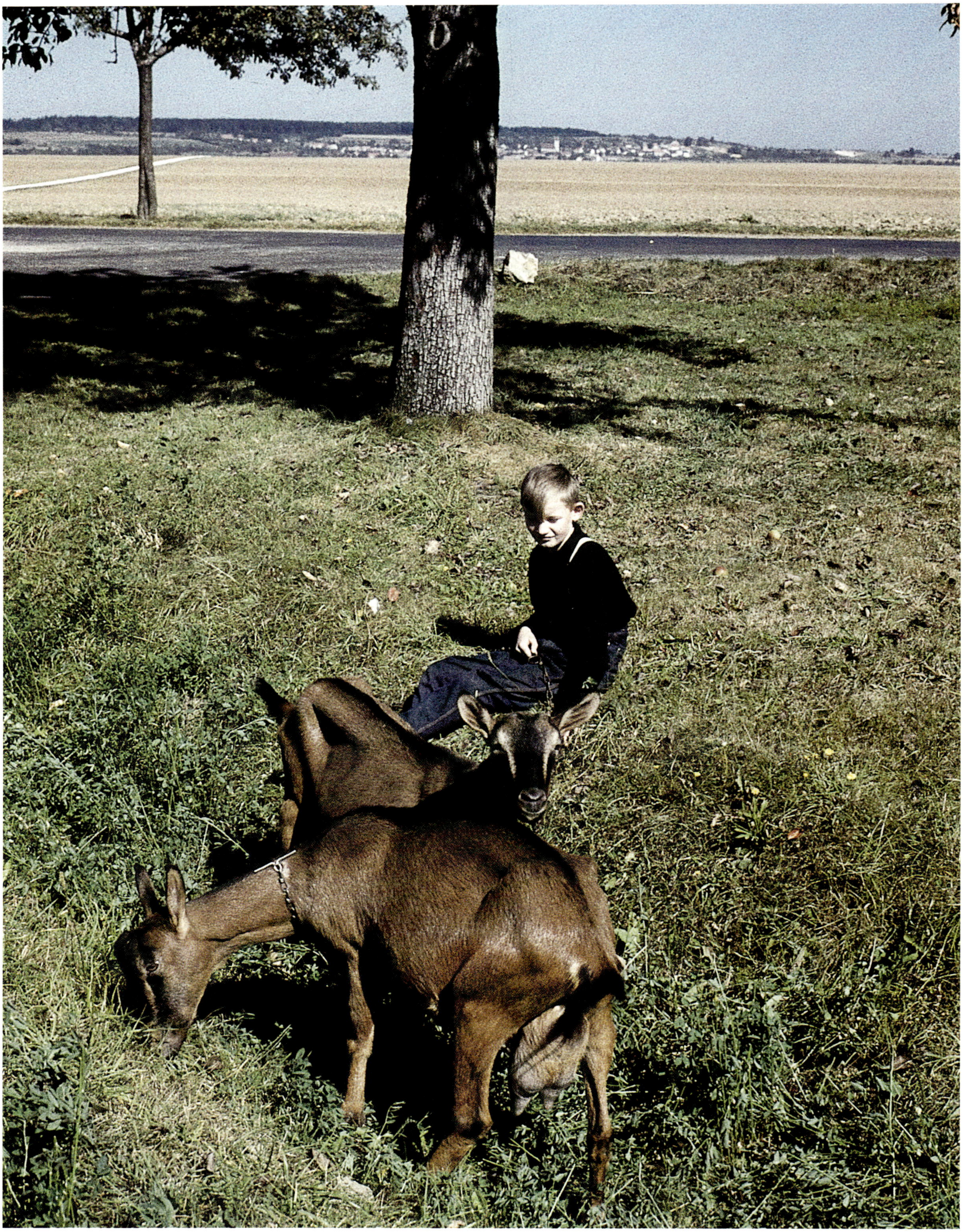

Foto links: Von der Ziege, bekannt als Kuh des kleinen Mannes, wird im Schwäbischen als von der Geiß gesprochen. Schon bald nach dem Krieg hat sich der Umfang der Ziegenhaltung sehr verringert und ist mehr oder weniger zur Liebhaberei geworden. Die Ziegenmilch gilt als sehr gesundheitsfördernd. Wo keine eingezäunte Weidefläche vorhanden ist, müssen die Tiere beim Weiden gehütet werden, wie es der Bub am Straßenrand tut. So wird das Gras genutzt, das sich im Straßengraben schwer mähen läßt.

Foto oben: Für diesen Buben gilt ein aus dem Norden überlieferter Spruch: Heidelbeeren - Maul beschmeeren! Auf der Schwäbischen Alb als Kalkgebirge finden sich keine Heidelbeerstöcke, aber im Keupergebiet. Den Abstecher dorthin muß man ausnützen, um sich das, was es zu Hause nicht gibt, einmal richtig schmecken zu lassen.

Foto oben: Der Enkel hilft seiner Großmutter beim Schneiden und Heraustragen noch grüner Erbsen. Sie wurden im Frühjahr entlang des mit Haber bestellten Ackers gesät und werden im Juli mit der Sichel geschnitten, damit ein Wegle, ein schmaler Weg, entsteht, der das Abernten des Haberfeldes erleichtert. Das herausgeschnittene Grün wird verfüttert. Auf dem Acker daneben stehen Futterrüben.

Foto rechts: Immer wieder treffen wir Kinder, die den Eltern bei landwirtschaftlichen Arbeiten helfen. Die Bäuerin ist mit ihren Söhnen auf der Heimfahrt von einem Acker mit Futterrüben. Dort hat sie die Blätterkronen der Rüben gelichtet. Das nennt man „Bledera", Blättern. Die Buben trugen die abgerissenen Blätter armvollweise auf das Ablagebrett am hinteren Ende des Schleppers. Die dort festgezurrte Last kommt zu Hause zum Grünfutter für das Vieh.

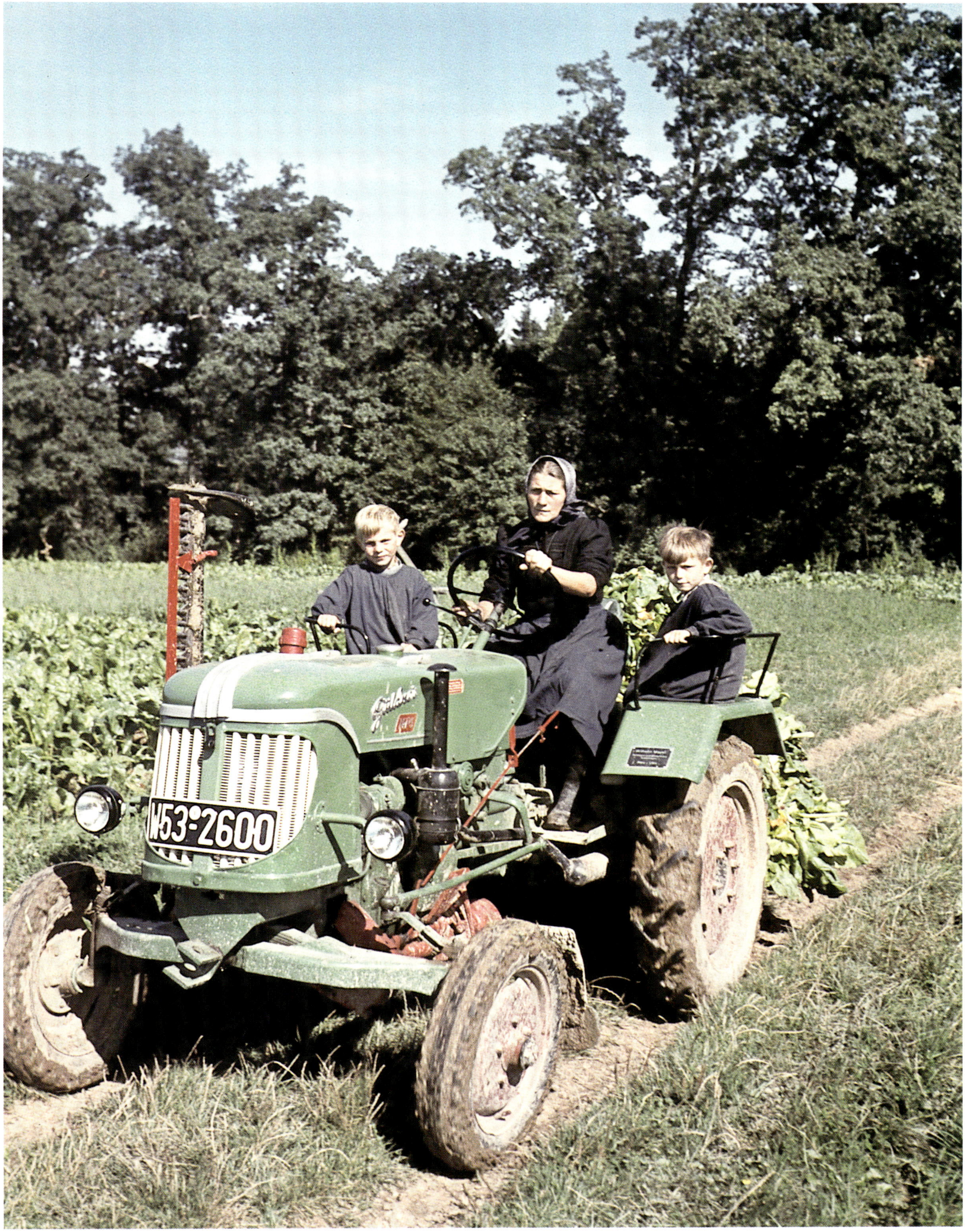
W53-2600

44

Foto links: Es ist Samstag. Für den Sonntag leistet man sich Weißbrot. Kinder warten mit dem Teig dazu in Schüsseln im Hausgang vor der Backstube, denn es herrscht Hochbetrieb. In den Regalen an der Wand warten herausgebackene Laibe auf ihre Abholung.

Foto oben: Es ist Frühjahr. Wie die Felder müssen auch die sogenannten Krautgärten für den bevorstehenden Anbau vorbereitet werden. Im alten Waschkessel auf dem Schubkarren fährt die Großmutter Holzasche von zu Hause in ihren Krautgarten, der ein Stück weit außerhalb des Dorfes liegt.

Jedes Haus hat dort seinen Anteil an den Kleinparzellen. Ein Enkel hilft ihr beim Abladen und Ausstreuen.

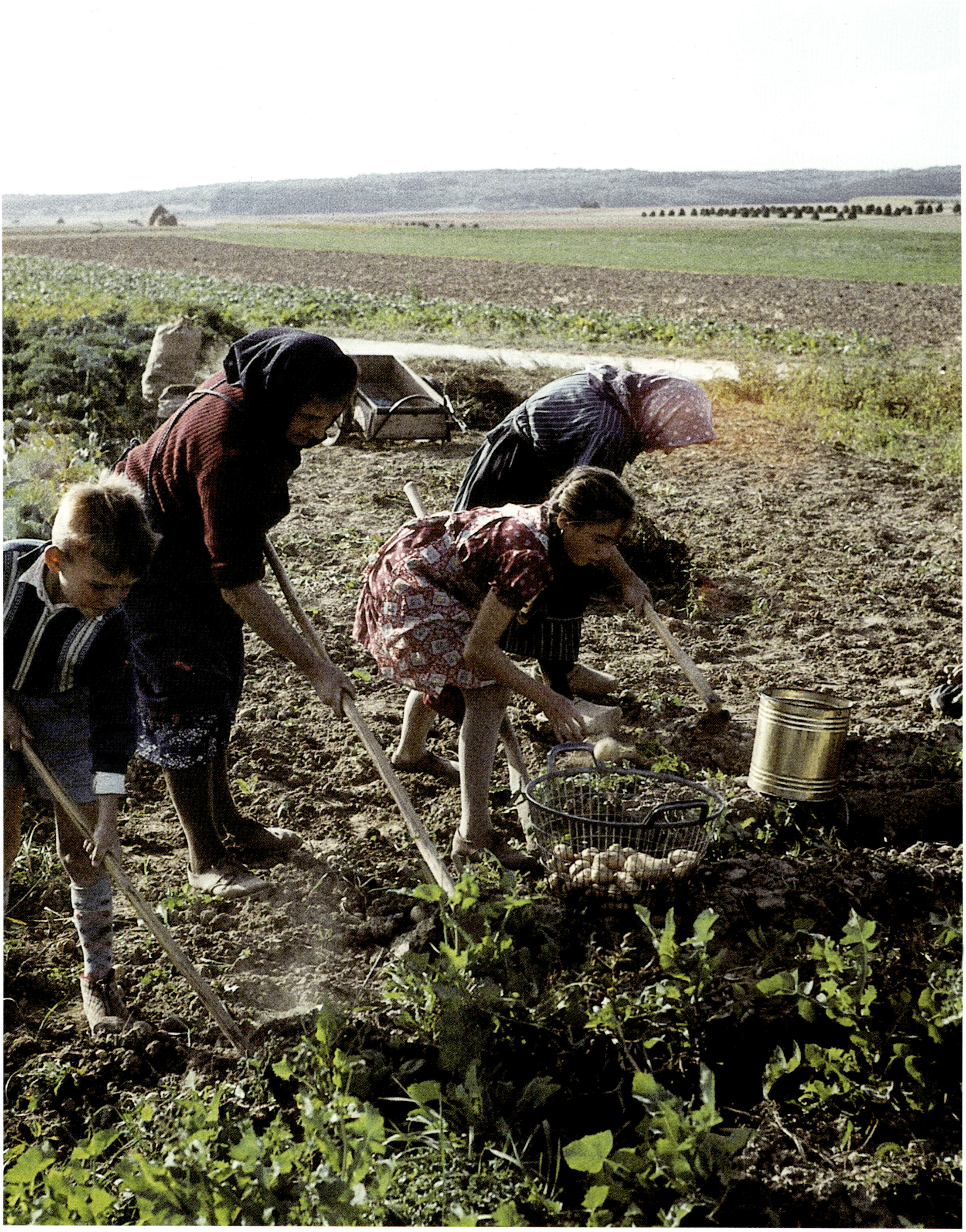

Foto links: Um das Wiederseßhaftwerden von Heimatvertriebenen zu erleichtern, wurde für Interessierte Pachtland zum Eigenanbau ausgewiesen. Mutter, Großmutter und die Kinder einer Familie, die im Böhmerwald zu Hause war, sind dabei, die selbst angebauten Kartoffeln von Hand auszugraben und zu sammeln. Hinter dem Feldweg liegt ein Rübenacker, und ganz im Hintergrund stehen Kleeböcke.

Foto oben: Schuljugend ist dabei, Kartoffeln zusammenzutragen. Der Ortspfarrer hat die Buben und Mädchen für diesen Dienst gewonnen, soll die Sammlung doch einem guten Zweck dienen. Dazu müssen die Kartoffeln in die Stadt verkauft werden, und der Erlös soll helfen, Not zu lindern.

Die Rahmstation der Molkereigenossenschaft, im Volksmund kurz die „Molke" genannt, war jeden Tag zweimal, morgens und abends, der Mittelpunkt des Dorfes, neudeutsch das „Kommunikationszentrum". Jeder Hof lieferte seine Milch dorthin ab, und Nichtlandwirte holten sich ihre Milch für den Tagesbedarf. Das führte zu täglichen Begegnungen vieler Leute aus dem Dorf und zum Austausch all dessen, was die Menschen bewegte. An der Milchwaage nimmt der Molkereiwärter angelieferte Milch entgegen, seine Gehilfin gibt Frischmilch an Abholer aus.

Die Milchviehhaltung sicherte jedem landwirtschaftlichen Betrieb monatliche Einnahmen durch die an die Genossenschaft abgelieferte Milch. Zu den Hilfen, mit denen die Molkereigenossenschaft ihre Mitglieder unterstützt, gehört auch das Angebot von Melklehrgängen. Den Heranwachsenden wird damit Gelegenheit geboten, sich gründliche Kenntnisse für den eigenen Betrieb zu erwerben. Der Melklehrer erteilt theoretischen und praktischen Unterricht. Im Bild wird gerade am Gummi-Euter geübt. Im Hintergrund schaut der Vorsitzende der Genossenschaft zu.

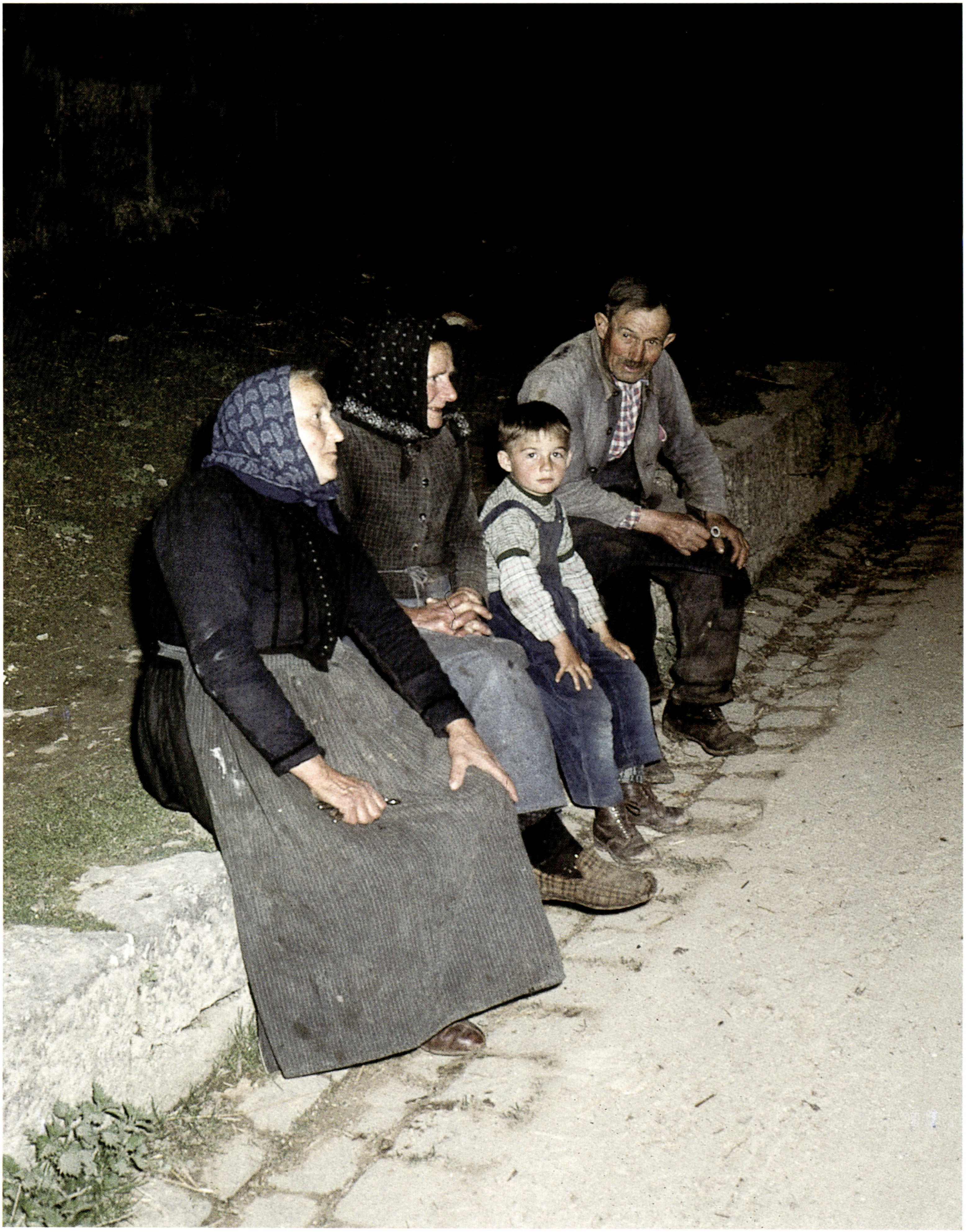

Foto links: Es ist schon dunkel, aber in Haus und Stall sind die Eltern noch beschäftigt. Die Großeltern aber dürfen den Feierabend ein wenig bälder für sich beginnen lassen und haben sich mit einer Nachbarin für den Ausklang des Tages auf die Mauer neben dem Straßenrand gesetzt. Was hatte der Tag gebracht, und was wird der morgige bringen? Das bildet den Gesprächsstoff, und der Enkel hört dabei zu.

Foto oben: Der Betrieb in der „Molke" wurde schon geschildert. Man sieht die Beteiligung von Kindern am täglichen Auf und Ab des Abendbetriebs. Der jüngere von zwei Brüdern läßt sich im „Milchwagen", dem Fahrradanhänger, zusammen mit den Milchkannen kutschieren. Auf der Treppe sieht man zwei andere Kinder. An den Fahrzeugen hängen Sturmlaternen für die Sicherheit auf der Straße.

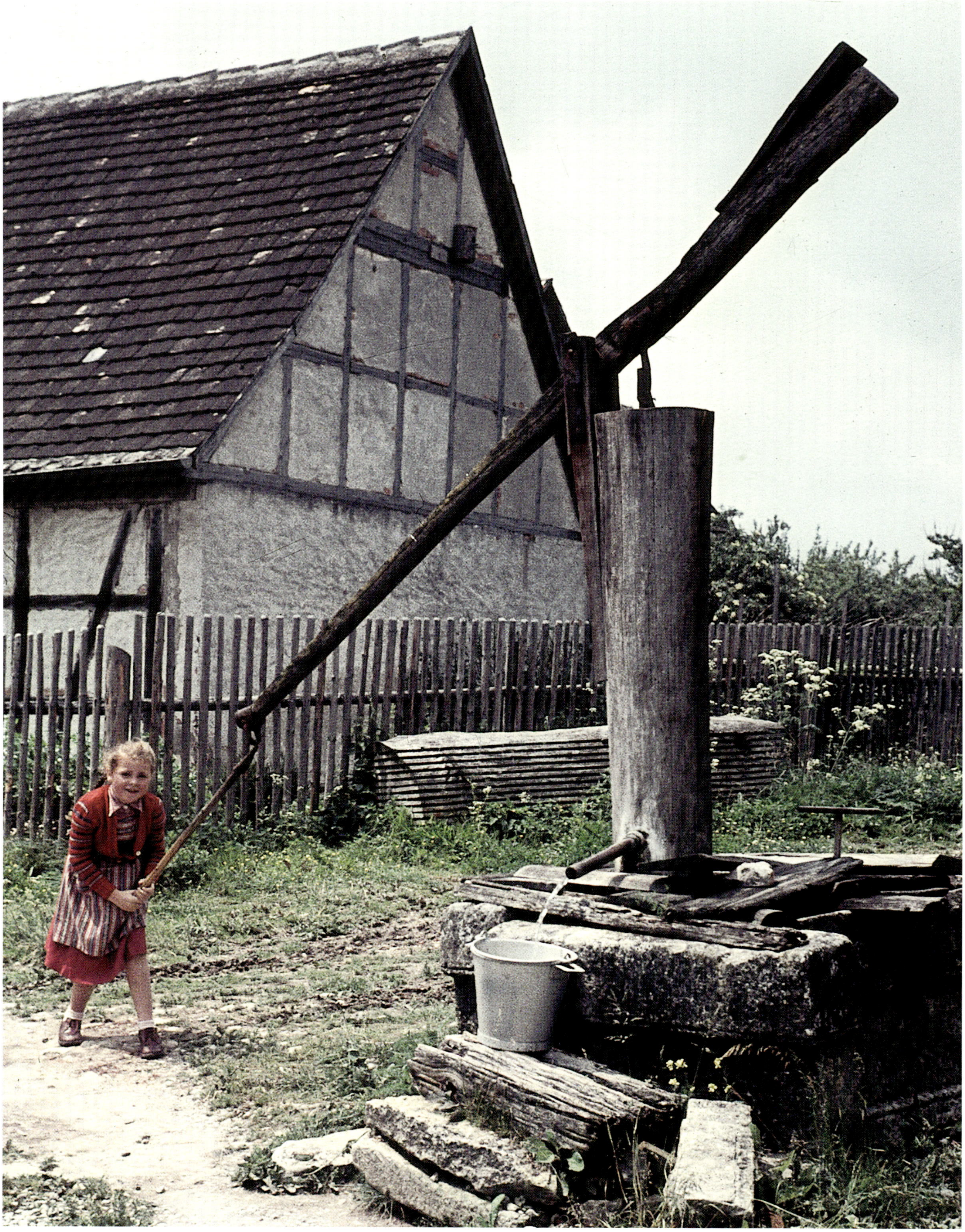

Foto links: Die heute für alle selbstverständliche Wasserleitung gab es nicht seit eh und je. Glücklich die Dörfer, die über Grundwasser verfügen. Mit Hilfe von Pumpbrunnen wurde früher das Wasser gehoben und in Eimern weggetragen. Von den Schöpf- und Ziehbrunnen soll nicht weiter die Rede sein. Das Mädchen zieht am Pumpenschwengel, und bei jedem Zug schwillt der Wasserstrahl an, denn der ausgehöhlte Stamm reicht bis zum Wasser hinab. Der Kolben in der Röhre hebt das Wasser nach oben. Wasserholen war eine Arbeit, bei der sich auch Kinder gerne nützlich machten oder machen mußten.

Foto oben: Holz aus dem Wald bildet für das Dorf das herkömmliche Brennmaterial, denn jedes Anwesen besitzt einen oder zwei Waldteile. Gemeindeholzhauer schlagen während des Winters den Bedarf für das Schul- und das Rathaus, dazu die Raummeter, die zur Besoldung des Pfarrers gehören. Das beigefahrene Holz wird dann gesägt und gespalten und danach zum Trocknen einem Zaun entlang aufgesetzt. Vor den großen Ferien mußte es dann zum Lagern auf die Bühnen geschafft werden. Weil dazu Schulkinder außerhalb der Unterrichtszeit ausersehen waren, zeigte sich keine Begeisterung für diese Arbeit.

Es hat geschneit, für die Kinder im Dorf ein Vergnügen. Schnell haben sie ihre Schlitten hervorgeholt und rodeln damit den Buckel neben dem Molkereigebäude hinab. „Schulerberg" heißt dieses Gefälle, weil das im Bild nicht mehr sichtbare Gebäude auf der anderen Seite bis 1872 als Schulhaus diente. Auch so bleibt Ortsgeschichte in Erinnerung.

Die Hüle oder Lache, der Dorfteich, mußte verschiedene Zwecke erfüllen. Das dort gesammelte Regen- und Schneewasser diente in erster Linie zum Tränken des Viehs und zum Löschen von Bränden, gelegentlich auch als Pferdeschwemme, wenn das Wasser tief genug war. Ein Gastwirt holte sich die Erlaubnis, im Winter Eiswürfel herauszusägen zum Kühlen von Bier im Lagerkeller. Dort hielt sich das Eis bis in den Sommer. Auch mit der Haltung von Fischen wurden Versuche gemacht. Daß Enten und Gänse hier ihr tägliches Bad suchten, war selbstverständlich. Schließlich bot die Hüle den Kindern auch noch winterliches Vergnügen, wenn sich bei anhaltendem Frost ihre Oberfläche in tragendes Eis verwandelt hatte. Mit Schleifen und Schlittschuhen glitten Buben und Mädchen über die blanke Fläche oder stützten sich auf einen „Eingemachten".

Vor allem während der Winterzeit blieb dem Dorfkind auch Zeit zum Spielen neben der Schularbeit. Weil an Spielsachen nicht viel vorhanden war, verfiel der Lehrer auf den Gedanken, in schulfreier Zeit für Buben das Spiel mit Metallbaukasten anzubieten. Die Mädchen hatten durch ihren Handarbeitsunterricht ohnehin einen längeren Stundenplan. Der Bau solcher Modelle vermittelte nebenbei „spielendes Lernen", brachte der Umgang damit doch auch Rechnen und Naturlehre ins Spiel.

Die Tage zwischen Weihnachten und Dreikönig oder Erscheinungsfest gelten als besondere Zeit im Jahr, mit der sich allerlei Brauchtum verbindet. Man spricht von den zwölf Rauhnächten oder auch von der Zeit zwischen den Jahren. Da besuchen sich Verwandte, Nachbarn und Freunde im Dorf, um bei den Besuchten „den Christbaum anzusehen". Für die Kinder springen dabei noch einige Kleinigkeiten heraus. Die niedere Bauernstube ist noch an der Decke wie auch an den Wänden mit Holz getäfelt. Das macht sie wohnlich und warm.

Foto oben: Bald nach Neujahr setzen sich die angehenden Konfirmanden an freien Nachmittagen bei jemand von ihnen zu Hause in der Stube zusammen zum Anfertigen von Rosen aus weißem und farbigem Kreppapier. Damit wird dann der Schmuck aus Tannengrün an Pfarrhaus und Kirche innen und außen verziert.

Foto rechts: Am Konfirmationssonntag sammeln sich die Konfirmanden im Pfarrhaus und gehen von dort unter Glockengeläut, angeführt von ihrem Seelsorger, im Zug zur Kirche, wo sie die Gemeinde erwartet. Geschmückte Bäumchen zieren den Kirchhof und den Kircheneingang.

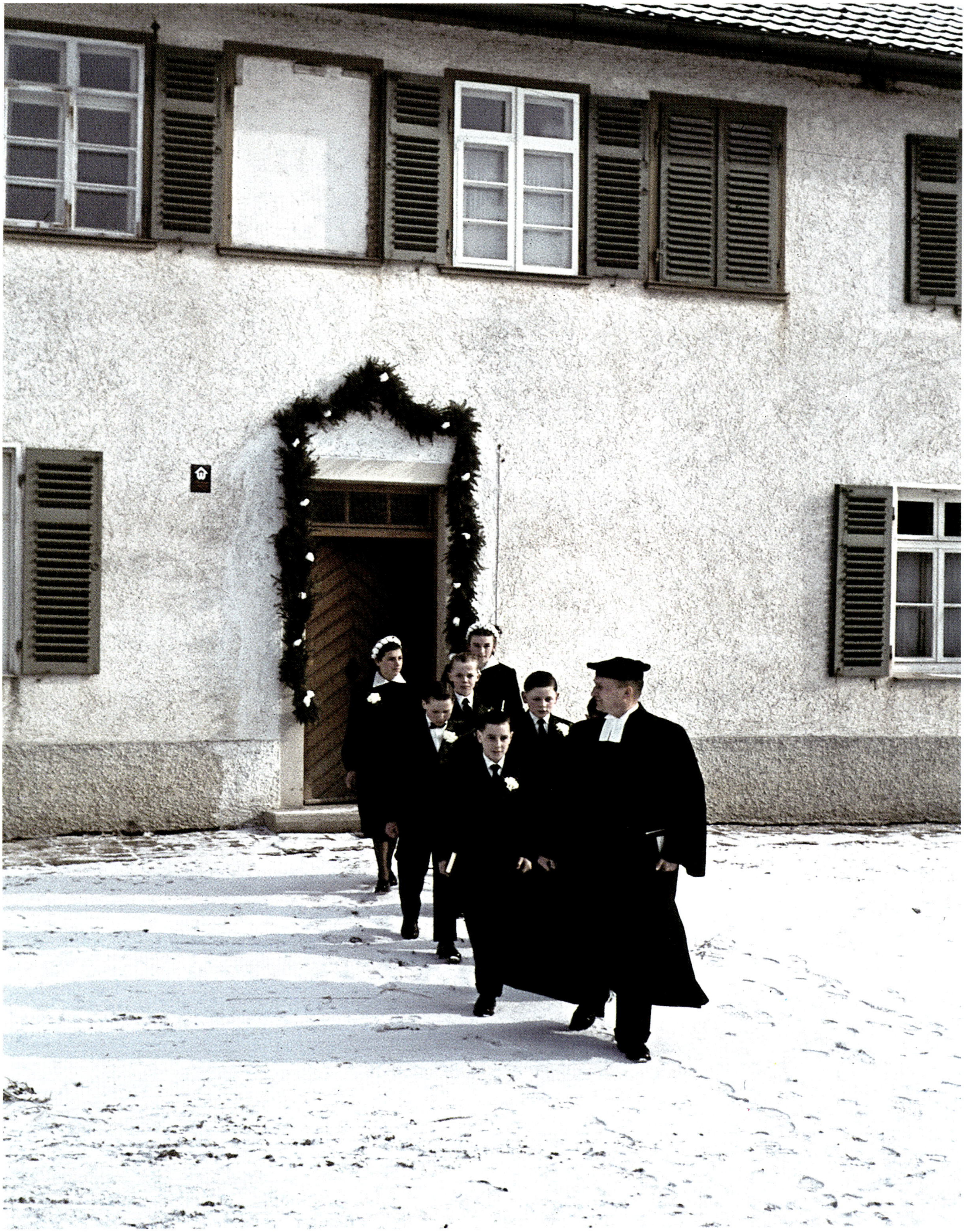

Zu den unbestrittenen Vorteilen der weniggegliederten Landschule gehörte das Freisein von der Bindung an einen starren Stundenplan. In den Unterrichtsablauf von fünf Vollstunden eines Vormittags im Sommerhalbjahr (7.00 bis 12.00 Uhr) konnte der Lehrer nach Gutdünken ein Bewegungsspiel auf der nahegelegenen „Gassenwiese" hinter dem Kindergarten einlegen, um danach mit frischen Kräften im geistigen Bereich den Unterricht fortzusetzen.

Wieder wird eine der musischen Seiten des Schulunterrichts angesprochen und damit einer der Vorteile, deren sich die weniggegliederte Schule erfreuen durfte. Auch wenn nicht gerade Musik nach Plan an der Reihe war, konnte in geeigneten Augenblicken das Spiel mit Orff´schen Instrumenten zur Begleitung eines Liedes eingeschoben werden, denn alles war sofort greifbar. Jedes der Kinder ist beteiligt. Daß die Rollen oder Plätze gewechselt werden können, braucht kaum gesagt zu werden. Gemütsbildung ist es, worauf es ankommt.

Dörfer auf einem Karstgebirge leiden von Natur aus unter Wassermangel. Daher mußte dort von alters her jeder Tropfen Wasser aufgefangen und gesammelt werden. Dazu dienten die Dorfteiche oder Hülen sowie Zisternen neben den Hausdächern. Zum Baden waren die Hülen jedoch nie gedacht, wenn man gelegentlich auch einmal jemand sehen konnte in der sommerlichen Abenddämmerung, der seine Beine in das Wasser hängte.

Wetten gehen jedoch manchmal besondere Wege. Mit diesem Kopfsprung wurde also eine Wette gewonnen. Wohl bekomm´s!

Von Eugen Sauter sind im Wartberg Verlag bereits vier Bände erschienen

Kindheit auf dem Lande in den 50er Jahren
64 Seiten, Großformat 24,5 x 32,5 cm,
zahlr. Farbfotos, Festeinband
ISBN 3-86134-283-9

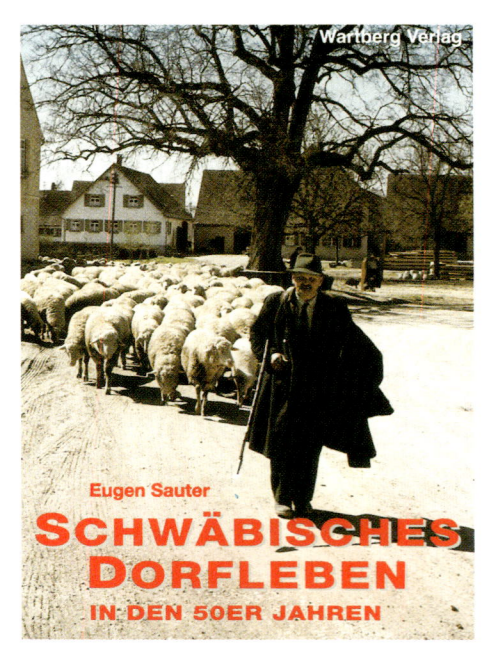

Schwäbisches Dorfleben in den 50er Jahren
64 Seiten, Großformat 24,5 x 32,5 cm,
zahlr. Farbfotos, Festeinband
ISBN 3-86134-277-4

Landleben in den 50er Jahren
64 Seiten, Großformat 24,5 x 32,5 cm,
zahlr. Farbfotos, Festeinband
ISBN 3-86134-316-9

Sonntags auf dem Lande – Feste, Freizeit, Feiertage
64 S., geb., Großformat 24,5 x 32,5 cm,
zahlr. Farbfotos, Festeinband
ISBN 3-86134-400-9

Erhältlich überall im Buchhandel, oder direkt beim Verlag

Wartberg Verlag
Im Wiesental 1, 34281 Gudensberg-Gleichen, Tel.: (05603) 4451 oder 2030